ITALIENISCH KOCHEN NACH BILDERN

ITALIENISCH KOCHEN NACH BILDERN

82 Rezepte Schritt für Schritt

Laura Zavan
Fotos Pierre Javelle

CHRISTIAN VERLAG

Unser Verlagsprogramm finden Sie unter www.christian-verlag.de

Übersetzung aus dem Französischen: Barbara Holle
Redaktion und Satz: Carmen Söntgerath
Korrektur: Petra Tröger
Umschlaggestaltung: Carmen Marchwinski

Die Originalausgabe mit dem Titel *Mon Cours de Cuisine – Les basiques Italiens*
wurde erstmals 2008 im Verlag Marabout, Paris, veröffentlicht.

Fotos: Pierre Javelle
Gestaltung: Alexandre Nicolas
Einkauf: Marie Mersier
Redaktion: Audrey Génin
Korrektur: Véronique Dussidour

Alle Angaben in diesem Werk wurden von der Autorin sorgfältig recherchiert und auf den aktuellen Stand gebracht sowie vom Verlag geprüft. Für die Richtigkeit der Angaben kann jedoch keinerlei Haftung übernommen werden. Für Hinweise und Anregungen sind wir jederzeit dankbar. Bitte richten Sie diese an:

Christian Verlag
Postfach 400209
80702 München
E-Mail: info@christian-verlag.de

Printed in Spain by Gráficas Estella

Die Deutsche Bibliothek – CIP Einheitsaufnahme
Ein Titeldatensatz für diese Publikation ist bei der Deutschen Bibliothek erhältlich.

ISBN 978-3-88472-944-1

VORWORT

Schritt für Schritt werden Sie mit diesem Buch entdecken, wie einfach, schmackhaft, unverfälscht und wandlungsfähig die italienische Küche ist.

Neben schnellen, leicht zuzubereitenden Speisen wie gegrilltem Gemüse oder Pastagerichten finden Sie auch Rezepte, an die Sie sich bislang vielleicht noch nicht herangewagt haben, deren Zubereitung Ihnen mithilfe dieses Buches in Zukunft aber mühelos von der Hand gehen wird.

Worauf es in der italienischen Küche vor allem ankommt, ist die Qualität der Produkte. Denken Sie nur einmal an den Geschmack, das Aroma, die Konsistenz und die Farbe einer wirklich guten Tomate. Etwas Olivenöl und Basilikum – mehr braucht man nicht, um daraus eine kleine Delikatesse zu machen.

Die Suche nach guten Produkten erfordert mitunter viel Zeit. Die sollten Sie sich aber unbedingt nehmen, denn es lohnt sich!

Lassen Sie sich von dieser gastlichen, mediterranen Küche verführen. Sie wird Ihnen, genau wie mir, Augenblicke höchsten Genusses bescheren. Und: Essen hat immer auch etwas mit Liebe zu tun – und beides tut uns gut.

Buon appetito!

Laura

INHALT

VORSPEISEN

PESTO

CROSTINI & CO.

PIZZA & CO.

01

BASILIKUMPESTO

FÜR 6 PERSONEN • ZUBEREITUNG: 15 MINUTEN

100 g Basilikumblätter
20 g Pinienkerne
10 g Walnusskerne
1 Knoblauchzehe
grobes Salz, Pfeffer
30 g Parmesan, gerieben
100 ml Olivenöl

VORBEREITUNG:
Das Basilikum waschen. Den Glasaufsatz des Mixers mit den Messern für 1 Stunde in die Gefriertruhe stellen, damit sich das Pesto nicht erhitzt und an Aroma verliert.

01

1	Die Pinienkerne in einer Pfanne ohne Fett unter Rühren rösten, dann abkühlen lassen.	2	Basilikum, Pinienkerne, Walnüsse, den durchgepressten Knoblauch, 1 Prise Salz und Pfeffer in den Mixer geben.
3	30 Sekunden pürieren, den Parmesan hinzufügen, das Öl in einem feinen Strahl einlaufen lassen.	4	Das Pesto als Aufstrich für Crostini verwenden oder mit etwas heißem Nudelkochwasser verdünnen und zu Pasta servieren.

02

SIZILIANISCHES PESTO

FÜR 6–8 PERSONEN • ZUBEREITUNG: 10 MINUTEN

40 g entsteinte schwarze Oliven, 40 g entsteinte grüne Oliven, 40 g Kapern (abgespült), 40 g getrocknete Tomaten, 1 EL getrockneten Oregano, 1 Handvoll Basilikumblätter und 2 Handvoll glatte Petersilie im Mixer pürieren. 100 ml Olivenöl in einem feinen Strahl einlaufen lassen, bis eine sämige Sauce entstanden ist.

SERVIERVORSCHLAG:
Das Pesto als Aufstrich für Crostini verwenden oder in etwas heißem Nudelkochwasser auflösen und mit Pasta servieren.

PISTAZIENPESTO

FÜR 8 PERSONEN • ZUBEREITUNG: 10 MINUTEN

120 g geschälte Pistazien 10 Minuten bei 170 °C im Backofen rösten, abgekühlt mit 50 g Rucola sowie 50 g frisch geriebenem Pecorino romano im Mixer pürieren. 150 ml Olivenöl in einem feinen Strahl einlaufen lassen und mixen, bis eine dicke Paste entstanden ist. Mit Salz, Pfeffer und geriebener Muskatnuss abschmecken.

SERVIERVORSCHLAG:
Das Pesto als Aufstrich für Crostini verwenden oder mit Ricotta vermischt zu Nudeln oder gebratenem Fleisch servieren.

04

ARTISCHOCKENPESTO

FÜR 6–8 PERSONEN • ZUBEREITUNG: 30 MINUTEN

30 g Mandeln, geschält
70 ml Olivenöl
2 Knoblauchzehen
1 Handvoll Petersilie

8 Artischockenböden,
frisch oder aus dem Glas
40 g frisch geriebener Parmesan
Salz, Pfeffer

VORBEREITUNG:
Die Mandeln in einer Pfanne leicht rösten und anschließend grob hacken.

1 2

3 4

1	2 Esslöffel Olivenöl mit 1 Knoblauchzehe und der Hälfte der Petersilie in einer Pfanne erhitzen.	2	Artischockenböden zugeben und bei starker Hitze beidseitig anbraten. 50 ml Wasser angießen, zugedeckt 10 Minuten köcheln lassen.
3	Die Artischocken etwas abkühlen lassen, mit den Mandeln, der zweiten Knoblauchzehe, Parmesan und der restlichen Petersilie im Mixer fein pürieren.	4	Das Öl in dünnem Strahl einlaufen lassen, sodass eine sämige Sauce entsteht. Das Pesto als Aufstrich für Crostini verwenden oder zu weißem Fleisch servieren.

BRUSCHETTA MIT TOMATE

FÜR 4 PERSONEN • ZUBEREITUNG: 20 MINUTEN • RUHEZEIT: 1 STUNDE

1 Bund Basilikum
800 g feste, reife Eiertomaten
100 ml Olivenöl
4 Knoblauchzehen
8–10 Scheiben Landbrot (1 cm dick)
Salz, Pfeffer

VORBEREITUNG:
Das Basilikum grob hacken. Die Tomaten einritzen, 30 Sekunden in kochendes Wasser tauchen und die Haut abziehen.

VARIATIONEN:
Die Brotscheiben nicht mit Knoblauch einreiben, sondern mit 1 Anchovis oder mit Büffelmozzarella belegen und die Tomaten darauf verteilen.

05

1	Die Tomaten entkernen, würfeln, in ein Sieb geben, mit Salz bestreuen und 30 Minuten entwässern (so kommt der Tomatengeschmack besser zur Geltung).	2	Mit Olivenöl, zwei grob gehackten Knoblauchzehen (vor dem Servieren entfernen) und dem Basilikum mischen, eventuell nachsalzen und 30 Minuten ziehen lassen.
3	Das Brot rösten, mit Knoblauch einreiben, mit Salz und Pfeffer würzen und mit Olivenöl beträufeln.	4	Die Tomaten auf den Brotscheiben verteilen und die fertigen Crostini sofort servieren.

CROSTINI-VARIATIONEN

MIT WURST

- mit Coppa und schwarzer Olivenpaste
- mit Lardo di Colonnata, Tomate und Rosmarin
- mit Caprino, Bresaola und Schnittlauch
- mit San-Daniele-Schinken und Artischocke

MIT KÄSE

- mit Gorgonzola, Mascarpone und Walnuss (warm)
- mit Pecorino und getrockneten Feigen
- mit Taleggio und gebratener Zucchini (warm)
- mit geräuchertem Provolone, Tomate und Rucola

06

CROSTINI-VARIATIONEN

MIT FISCH

- mit Caponata (Rezept 23) und Garnelen
- mit gegrillter Paprikaschote (Rezept 16), Thunfisch und Basilikum
- mit Ölsardine und gratinierten Tomaten (Rezept 25)

MIT GEMÜSE

- mit gegrilltem Gemüse (Rezepte 16, 17, 18)
- mit Bottarga (mit Stangensellerie, Zitronenzesten und Olivenöl mariniert)
- mit Gemüse aus dem Ofen (Rezept 27) und Kapern

07

SELBST GEBACKENE LINGUE

ERGIBT 12 STÜCK • ZUBEREITUNG: 30 MINUTEN • BACKZEIT: 3 X 10 MINUTEN • RUHEZEIT: 2 STUNDEN

10 g frische Hefe oder ½ Päckchen Trockenhefe
100–150 ml lauwarmes Wasser
1 Prise Zucker
250 g Mehl (Type 405 oder 550)
1 TL Salz, Fleur de Sel
½ TL Zucker
Olivenöl

VORBEREITUNG:
Aus den angegebenen Zutaten wie in Rezept 12 (Pizzateig) beschrieben einen Teig herstellen. 5 Minuten durchkneten, mit einem Tuch abdecken und 1 Stunde gehen lassen, bis er sein Volumen verdoppelt hat. Nochmals durchkneten und weitere 30 Minuten gehen lassen.
Den Backofen auf 240 °C vorheizen.

07

1	Den Teig zu 2 dicken Rollen von etwa 3 cm Durchmesser formen und in 12 Stücke teilen.	2	Die Stücke zu etwa 20 × 7 cm großen Rechtecken ausrollen. Ist der Teig zu klebrig, noch etwas Mehl hinzufügen.
3	Die Lingue auf einem mit Backpapier ausgelegten Backblech verteilen, mit Öl bepinseln, mit Fleur de Sel bestreuen und mehrfach mit einer Gabel einstechen.	4	Etwas Wasser in den Backofen sprühen, die Lingue 7–10 Minuten goldgelb backen. Falls sich Blasen bilden, mit einer Nadel aufstechen.

08

GRISSINI

ERGIBT 30 STÜCK • ZUBEREITUNG: 40 MINUTEN • RUHEZEIT: 90 MINUTEN • BACKZEIT: 15 MINUTEN

25 g frische Hefe oder 1 Päckchen Trockenhefe
200–250 ml lauwarmes Wasser
500 g Mehl (Type 405 oder 550)
2 TL Salz
1 TL Zucker
6 EL Olivenöl

VORBEREITUNG:

Aus den Zutaten wie in Rezept 12 (Pizzateig) beschrieben einen Teig herstellen, in drei Portionen teilen und eine mit getrocknetem Oregano, die zweite mit Sesam, die dritte mit fein gehackten Walnüssen anreichern. Mit einem Tuch abgedeckt 1 Stunde bei Zimmertemperatur gehen lassen.

08

1 2
3 4

1	Den Teig nochmals 30 Sekunden durchkneten, dann zu einer dicken Rolle formen und in Scheiben schneiden.	2	Die Scheiben mit der Handfläche zu etwa 1,5 cm dicken, 10 cm langen Stangen rollen.
3	Auf einem mit Backpapier ausgelegten Backblech verteilen, mit einem feuchten Tuch abdecken und 30 Minuten gehen lassen.	4	Die Grissini etwa 15 Minuten im 200 °C heißen Backofen backen.

LINGUE-VARIATIONEN

ERST KURZ VOR DEM SERVIEREN BESTREICHEN ODER DIE GARNITUR GETRENNT DAZU REICHEN

- ⅔ Ricotta + ⅓ getrocknete Tomaten, Basilikum
- ⅔ Ricotta + ⅓ Pistazienpesto (Rezept 03)
- ⅔ Pistazienpesto + ⅓ Bottarga, Chili
- ⅔ Ricotta + ⅓ Pesto (Rezept 01), Pinienkerne
- Sizilianisches Pesto (Rezept 02), Basilikum
- ½ Mascarpone + ½ Anchovis in Öl, püriert, Oregano
- Artischockenpesto (Rezept 04), Petersilie, Mandeln
- Tapenade, confierte Tomaten (Rezept 26)

GRISSINI-VARIATIONEN

ERST KURZ VOR DEM SERVIEREN BESTREICHEN, DAMIT DIE GRISSINI NICHT AUFWEICHEN

- Parmaschinken, Mascarpone, Rucola
- Lardo di Colonnata, hauchdünn geschnitten
- Bresaola, Mascarpone, Schnittlauch, Zitronenzesten
- Kochschinken, Artischocken in Öl, Mascarpone
- Coppa, getrocknete pürierte Tomaten + Mascarpone
- Schinkenspeck, Butter, Cornichons
- Culatello di Zibello
- Mortadella, Pistazienpesto + Mascarpone

FOCACCIA MIT OLIVEN

FÜR 8 PERSONEN • ZUBEREITUNG: 30 MINUTEN • RUHEZEIT: 2 STUNDEN 30 MINUTEN • BACKZEIT: 30 MINUTEN

1 Portion Pizzateig (Rezept 12), mit 350 ml Wasser hergestellt
100 g entsteinte Taggiasca-Oliven
6 EL Olivenöl
1 gestrichener TL Fleur de Sel

VARIATIONEN:
Den Teig mit 2 Esslöffeln fein geschnittenem Rosmarin, 1 kleinen Handvoll Salbei oder 10 gewässerten, fein zerkleinerten Anchovis anreichern. Vor dem Backen mit 100 g halbierten Kirschtomaten oder 2 in dünne Ringe geschnittenen Zwiebeln belegen.

1	Die Oliven unter den Teig mischen. Den Teig 1 Minute kneten, auf ein geöltes Backblech legen und mit den Händen von innen nach außen auf dem Blech verteilen.	2	Das Olivenöl mit 4 Esslöffeln lauwarmem Wasser und dem Fleur de Sel verquirlen (das Salz löst sich dabei teilweise auf).
3	Mit den Fingerspitzen kleine Vertiefungen in den Teig drücken, mit der Hälfte des Öls bestreichen und 30 Minuten ruhen lassen.	4	Die Focaccia 30 Minuten im 180 °C heißen Backofen goldbraun backen und danach mit dem restlichen Öl bestreichen.

GRUNDREZEPT FÜR PIZZATEIG

ZUBEREITUNG: 20 MINUTEN • RUHEZEIT: 2 STUNDEN 20 MINUTEN • BACKZEIT: 20 MINUTEN

25 g frische Hefe oder 1 Päckchen Trockenhefe
250–300 ml lauwarmes Wasser
1 Prise Zucker

500 g Mehl (Type 405 oder 550)
2 TL Salz
1 TL Zucker
3 EL Olivenöl

1	Die Hefe zerbröckeln. Mit 3 Esslöffeln lauwarmem Wasser und 1 Prise Zucker verrühren und 15 Minuten gehen lassen.	2	Das Mehl in eine Schüssel sieben, das Salz am Rand verteilen, die Hefe in die Mitte geben.
3	Zucker und Öl hinzufügen und nach und nach das restliche lauwarme Wasser angießen.	4	Die Zutaten sorgfältig mit einer Gabel vermischen. ➢

5 6
7 8

5	Den Teig 5–10 Minuten durchkneten und gegebenenfalls noch etwas Wasser oder Mehl hinzufügen.	6	Wenn der Teig glatt und elastisch ist, zu einer Kugel formen.
7	In eine große Schüssel legen, mit der Spitze eines Messers kreuzweise einritzen und mit Frischhaltefolie oder einem feuchten Tuch abdecken (damit er nicht austrocknet).	8	Den Teig 1–2 Stunden gehen lassen, bis er sein Volumen verdoppelt hat.

9	Den Teig 1 Minute durchkneten, mit der Hand auf einem geölten Backblech verteilen, mit einem Tuch abdecken und nochmals 30 Minuten gehen lassen.	**WICHTIG** ☛ Damit der Teig schön aufgeht, muss er vor Zugluft geschützt an einem warmen (25–30 °C) Platz (in der Nähe einer Wärmequelle oder im ausgeschalteten, auf 50 °C vorgeheizten Backofen) stehen.

PIZZA MARGHERITA

ERGIBT 10–14 STÜCKE • ZUBEREITUNG: 30 MINUTEN • RUHEZEIT: 2 STUNDEN • BACKZEIT 20 MINUTEN

1 Portion Pizzateig (Rezept 12)
250 g Büffelmozzarella (ersatzweise eignet sich ein guter Mozzarella aus Kuhmilch)
1 Dose (400 g) Tomatenstücke
1 EL getrockneter Oregano
1 Knoblauchzehe, durchgepresst
etwa 10 Basilikumblätter, grob gehackt
3 EL Olivenöl
Salz

VORBEREITUNG:
Den Teig 1 Minute durchkneten, auf einem mit Öl eingefetteten Backblech verteilen, mit einem feuchten Tuch abdecken und nochmals 30 Minuten gehen lassen.

13

1 2
3 4

1	Den Backofen auf 240 °C vorheizen. Den Mozzarella in kleine Würfel schneiden und abtropfen lassen.	2	Die Tomaten mit Oregano, Knoblauch, der Hälfte des Basilikums und 2 Esslöffeln Öl verrühren und salzen.
3	Die Tomatenmischung auf dem Teig verteilen und mit Olivenöl beträufeln. Die Pizza 12 Minuten backen. Mozzarella darauf verteilen.	4	Weitere 6 Minuten backen, bis der Rand knusprig und goldbraun ist. Die Pizza mit dem restlichen Basilikum bestreuen und servieren.

PIZZA-VARIATIONEN

DIE PIZZA MARGHERITA (REZEPT 13) LÄSST SICH NACH LUST UND LAUNE ABWANDELN:

- mit Salamischeiben (nach dem Backen)
- mit Auberginen: 5 Minuten vor Ende der Backzeit mit gebratenen oder gegrillten Auberginenscheiben (Rezept 17) belegen und mit Parmesan bestreuen
- mit 50 g gehackten Kapern, 50 g schwarzen Oliven und getrocknetem Oregano (nach dem Backen)
- mit Kirschtomaten (mit Knoblauch, Basilikum, Olivenöl mariniert) und Rucola

PIZZA-VARIATIONEN

DIE PIZZA MARGHERITA (REZEPT 13) LÄSST SICH NACH LUST UND LAUNE ABWANDELN:

- vor dem Backen mit 6 Anchovis und Zwiebelringen belegen und mit Olivenöl beträufeln
- ohne Tomatensauce backen, mit Kirschtomaten und Basilikum belegen und mit Olivenöl beträufeln
- nach dem Backen mit Parmaschinken und Rucola belegen und mit Olivenöl beträufeln
- als Pizza bianca (ohne Tomatensauce) backen, mit Rosmarin bestreut und mit Olivenöl beträufelt

15

FRITTIERTE MINI-CALZONI

ERGIBT 16 STÜCK • ZUBEREITUNG UND BACKZEIT: 1 STUNDE

1 Portion backfertiger Pizzateig (Rezept 12)
250 g Mozzarella, fein gewürfelt
etwa 10 Basilikumblätter
150 g Tomatensauce (Rezept 40)
1–2 l Olivenöl (zum Frittieren)

VORBEREITUNG:
Den Mozzarella abtropfen lassen. Das Basilikum grob hacken.

VARIATION:
Die Füllung zusätzlich mit gehacktem Schinken, Mortadella oder einer anderen Wurst anreichern.

1 2

3 4

1	Aus dem Teig 4 Rollen von etwa 3 cm Durchmesser formen. Die Rollen vierteln und zu 10 cm großen Kreisen ausrollen.	2	Die Sauce mit Mozzarella und Basilikum mischen. 1 Teelöffel Füllung auf die Kreise geben, zusammenklappen und die Ränder andrücken.
3	Sofort portionsweise in reichlich sehr heißem Öl rundherum goldbraun frittieren.	4	Die Mini-Calzoni auf Küchenpapier abtropfen lassen und heiß servieren.

GEMÜSE

GEGRILLTES GEMÜSE

SALATE

GEMÜSEGERICHTE

KLEINE SPEISEN

16

GEGRILLTE PAPRIKASCHOTEN

FÜR 4 PERSONEN • ZUBEREITUNG: 10 MINUTEN • GARZEIT: 30 MINUTEN • RUHEZEIT: 1 STUNDE

4 Paprikaschoten

FÜR DIE MARINADE:
Olivenöl
3 Knoblauchzehen, in hauchdünne Scheiben geschnitten
2–3 Stängel Basilikum oder andere Kräuter
Salz, Pfeffer

VORBEREITUNG:
Den Backofengrill auf höchster Stufe vorheizen.

16

1 2
3 4

1	Die Paprikaschoten halbieren, von Samen und Scheidewänden befreien und dann mit der Hautseite nach oben unter den Grill schieben.
2	Sobald die Haut Blasen wirft und sich schwarz verfärbt, die Paprikaschoten aus dem Ofen nehmen.
3	In eine Schüssel legen, mit Frischhaltefolie abdecken und abkühlen lassen. Dann die Haut abziehen.
4	Fruchtfleisch in Streifen schneiden und 1 Stunde in einer Marinade aus Olivenöl, Knoblauch, Basilikum, Salz und Pfeffer ziehen lassen.

17

GEGRILLTE AUBERGINEN

✣ **FÜR 4 PERSONEN** • ZUBEREITUNG: 10 MINUTEN • GARZEIT: 20 MINUTEN ✣

2 Auberginen der Länge nach in 0,5 cm dicke Scheiben schneiden, auf einem mit Backpapier ausgelegten Backblech verteilen, mit Olivenöl bestreichen und salzen. Unter dem Backofengrill goldbraun rösten, dabei darauf achten, dass sie nicht verbrennen. Die Scheiben wenden, mit Oregano bestreuen und auf der anderen Seite rösten.

GEGRILLTE ZUCCHINI

FÜR 4 PERSONEN • ZUBEREITUNG: 10 MINUTEN • GARZEIT: 20 MINUTEN

Zucchini der Länge nach in 0,5 cm dicke Scheiben schneiden, auf einem mit Backpapier ausgelegten Backblech verteilen, mit Olivenöl bestreichen und salzen. Unter dem Backofengrill goldbräun rösten, dabei darauf achten, dass sie nicht verbrennen. Die Zucchini wenden und auf der anderen Seite rösten.

☛ Die gegrillten Zucchini mit etwas Balsamessig oder Crema di Balsamico beträufeln.

FENCHELSALAT MIT ORANGEN

FÜR 4 PERSONEN • ZUBEREITUNG: 20 MINUTEN

2 große Orangen
2 Knollen Fenchel
150–200 g geräucherter Schwertfisch (nach Belieben)
1 rote Zwiebel
60 g grüne Oliven
6 EL Olivenöl
Salz, Pfeffer

VARIATION:
Den Schwertfisch durch dünne Bottarga-Scheiben ersetzen.

1 2

3 4

1	Die Orangen schälen und filetieren. Den Fenchel in dünne Scheiben, den Fisch in Würfel schneiden.	2	Die Zwiebel in Ringe schneiden und mehrmals unter fließendem Wasser abspülen, um ihr die Schärfe zu nehmen. Abtropfen lassen.
3	Zwiebelringe, Orangen, Fenchel, Oliven und Fischwürfel in eine Schüssel geben.	4	Mit Olivenöl, Salz und frisch gemahlenem Pfeffer anmachen. Fertig!

PANZANELLA

FÜR 4 PERSONEN • ZUBEREITUNG: 20 MINUTEN • RUHEZEIT: 1 STUNDE

8 Scheiben altbackenes Weißbrot mit fester Krume, etwa Ciabatta
4 EL Rotweinessig
100 ml Olivenöl
Salz, Pfeffer
1 rote Zwiebel
500 g Kirschtomaten
1 kleine Salatgurke, geschält und entkernt
2 Stangen Sellerie
50 g Kapern in Salz, abgespült und gehackt
100 g entsteinte schwarze Oliven
1 Bund Basilikum

VORBEREITUNG:
Das Brot in einer Schale verteilen.

VARIANTE:
Statt altbackenem Brot geröstete frische Brotscheiben verwenden.

1 2 3

4 5 6

1	250 ml Wasser mit der Hälfte des Essigs, dem Olivenöl, Salz und Pfeffer verrühren.	2	Die Sauce über das Brot gießen und warten, bis es sich vollgesogen hat. Nach Bedarf Wasser hinzufügen.	3	Die Zwiebel in Ringe, das Gemüse klein schneiden.
4	Kapern, Oliven, Basilikum und restlichen Essig zufügen, salzen und pfeffern.	5	Das Brot abwechselnd mit dem Gemüse in eine Schüssel schichten.	6	1 Stunde durchziehen lassen, vor dem Servieren mit etwas Olivenöl beträufeln.

ARTISCHOCKENSALAT

FÜR 6 PERSONEN • ZUBEREITUNG: 15 MINUTEN

6 junge Artischocken
2 Zitronen
½ Bund glatte Petersilie
6 EL Olivenöl
Fleur de Sel, Pfeffer
100 g Parmesan, gehobelt

SERVIERVORSCHLAG:
Der Salat schmeckt als Vorspeise mit einem Rindfleisch-Carpaccio, aber auch als Beilage, etwa zu Kalbsschnitzeln mit Zitrone.

1 2
3 4

1	Von den Artischocken oben 2 cm abschneiden. Die Stiele abschneiden. Die harten Blätter entfernen.	2	Die geputzten Artischocken in Zitronenwasser legen, damit sie sich nicht verfärben.
3	Die Artischocken anschließend in sehr dünne Scheiben schneiden. Die Petersilie hacken.	4	Das Olivenöl mit dem Saft von ½ Zitrone und der Petersilie verrühren, mit Salz und Pfeffer würzen. Die Artischocken damit beträufeln, mit Parmesanspänen bestreuen, sofort servieren.

PEPERONATA

FÜR 4 PERSONEN • ZUBEREITUNG: 15 MINUTEN • GARZEIT: 35 MINUTEN

4 Paprikaschoten (rot, gelb, grün)
2 mittelgroße Zwiebeln
2 Knoblauchzehen
4 reife Tomaten (oder 1 Dose Tomaten)
3 EL Olivenöl
1 Bund Basilikum
Salz, Pfeffer

SERVIERVORSCHLAG:
Peperonata schmeckt als sommerliche Beilage zu Geflügel, Thunfisch oder Reis, aber auch als Aufstrich für Crostini.

1 2

3 4

1	Die Paprikaschoten von Samen und Scheidewänden befreien und in große Stücke schneiden. Zwiebeln und Knoblauch fein schneiden. Die Tomaten vierteln und entkernen.	2	Das Olivenöl in einem Topf erhitzen und die Zwiebeln 2 Minuten darin anschwitzen. Das Gemüse und die Hälfte des Basilikums hinzufügen. 5 Minuten bei starker Hitze garen.
3	Salzen, den Deckel auflegen und 20 Minuten bei geringer Hitze köcheln lassen. Ohne Deckel weiterkochen, bis die Flüssigkeit verdunstet ist.	4	Die restlichen grob gehackten Basilikumblätter unterrühren. Die Peperonata lauwarm oder mit Zimmertemperatur servieren.

CAPONATA

FÜR 4–6 PERSONEN • ZUBEREITUNG: 30 MINUTEN • GARZEIT: 20 MINUTEN

3 Auberginen und 3 Eiertomaten
2 kleine Zwiebeln und 2 Stangen Sellerie
Olivenöl
Salz
4 EL entsteinte grüne Oliven

1 EL Kapern in Salz, abgespült
1 EL Rosinen
2 EL Pinienkerne
1 gestrichener EL Zucker
2 EL Rotweinessig

VORBEREITUNG:
Die Tomaten kreuzweise einritzen, 30 Sekunden in kochend heißes Wasser tauchen, abschrecken, die Haut abziehen.

1 2

3 4

1	Die Auberginen in etwa 2 cm große Würfel schneiden. Die Tomaten entkernen und würfeln. Die Zwiebeln ebenfalls würfeln. Den Sellerie putzen und klein schneiden.	2	Die Auberginen portionsweise unter Rühren in Olivenöl anbraten und mit Salz abschmecken.	
3	Den Sellerie 2 Minuten in kochendem Salzwasser blanchieren.	4	In einem Topf die Zwiebeln 2 Minuten in etwas Olivenöl anschwitzen.	➢

5

Die Auberginen und den Sellerie, danach Oliven, Kapern, Rosinen und Pinienkerne und zum Schluss die Tomaten hinzufügen. Umrühren und 3 Minuten köcheln lassen.

ANMERKUNG

☛ Dies ist eine leichte Version der sizilianischen Caponata, die traditionell mit frittierten Auberginen zubereitet wird.

		SERVIERVORSCHLAG
6	Zucker und Essig verrühren, in die Pfanne gießen und das Gemüse nochmals einige Minuten köcheln lassen. Nach Geschmack salzen.	Lauwarm oder mit Zimmertemperatur auf Crostini, mit einem Nudelsalat, Reis oder als Beilage servieren.

ÜBERBACKENE AUBERGINEN

FÜR 4–6 PERSONEN • ZUBEREITUNG: 30 MINUTEN • GARZEIT: 25 MINUTEN

2 Auberginen
50 g Parmesan
125 g Mozzarella
1 Bund Basilikum

1 l Olivenöl oder ein anderes Öl zum Frittieren
Salz
200 g Tomatensauce (Rezept 40)

TIPP:
Halten Sie genügend Küchenpapier bereit, um die Auberginen mehrmals trocken tupfen zu können.

24

1 2

3 4

1	Die Auberginen in dünne Scheiben schneiden.	2	Den Parmesan reiben, den Mozzarella und die Basilikumblätter hacken.
3	Die Auberginen in einem hohen Topf im sehr heißen Öl goldbraun frittieren.	4	Auf Küchenpapier ausbreiten, gut abtropfen lassen und leicht salzen. ➢

5

Die Auberginenscheiben auf einem mit Backpapier ausgelegten Blech verteilen. Jede Scheibe mit etwas Tomatensauce, Mozzarella und Basilikum bedecken, mit Parmesan bestreuen und eine zweite Auberginenscheibe darauflegen. Diesen Vorgang zwei- bis dreimal wiederholen, bis sämtliche Zutaten aufgebraucht sind.

VARIATION

☛ Bei dem klassischen Rezept, Melanzane parmigiana, werden die Auberginenscheiben schuppenförmig in eine ofenfeste Form geschichtet.
Wer Kalorien sparen möchte, kann die Auberginen im Backofen grillen (Rezept 17), anstatt sie zu frittieren, oder 5 Minuten in der Mikrowelle garen (vorher mehrmals mit einer Gabel einstechen).

6

Die Auberginen etwa 5 Minuten im 180 °C heißen Backofen gratinieren.

SERVIERVORSCHLAG

Lauwarm oder mit Zimmertemperatur als Vorspeise, zusammen mit einem Rucolasalat, mit Reis oder als Beilage servieren.

GRATINIERTE TOMATEN

FÜR 4–6 PERSONEN • ZUBEREITUNG: 30 MINUTEN • GARZEIT: 20 MINUTEN

1 Bund Basilikum
½ Bund Petersilie
8 mittelgroße Tomaten
Salz
4 Sardellenfilets

50 ml Olivenöl
1 Knoblauchzehe, halbiert
2 EL getrockneter Oregano
60 g frisch geriebener Parmesan
80 g Paniermehl

VORBEREITUNG:
Die Kräuter hacken.

1 2
3 4

1	Die Tomaten halbieren, mit einem Löffel aushöhlen und salzen. Umgedreht auf einem Backblech abtropfen lassen.	2	Sardellenfilets mit 1 Esslöffel Olivenöl und dem Knoblauch anschwitzen. Die Pfanne vom Herd nehmen. Kräuter, Parmesan, Paniermehl und die Hälfte des Öl untermischen.
3	Die Knoblauchzehe entfernen. Die Masse mit einem Teelöffel in die Tomatenhälften füllen und mit dem restlichen Öl beträufeln.	4	Die Tomaten 20 Minuten im 180 °C heißen Backofen überbacken und als Beilage servieren.

CONFIERTE KIRSCHTOMATEN

FÜR 4 PERSONEN • ZUBEREITUNG: 10 MINUTEN • GARZEIT: 1 STUNDE

250 g Kirschtomaten
Olivenöl
Salz, Pfeffer

4 Messerspitzen getrockneter Oregano (oder fein geschnittenes frisches Basilikum)
1 Prise Zucker

1

Die Tomaten halbieren, mit der Schnittfläche nach oben auf ein mit Backpapapier bedecktes Backblech legen, mit Olivenöl beträufeln, mit Salz, frisch gemahlenem Pfeffer, Oregano und 1 Prise Zucker bestreuen und für 1 Stunde in den 120 °C heißen Backofen geben.

SERVIERVORSCHLAG

Die Tomaten mit Mozzarella, einem Salat, zu Nudeln, Reis, Fleisch, Fisch … genießen.

AUFBEWAHRUNG

☛ In einer luftdicht verschlossenen Dose im Kühlschrank aufbewahren und rasch aufbrauchen.

GEMÜSE AUS DEM OFEN

FÜR 4–6 PERSONEN • ZUBEREITUNG: 15 MINUTEN • GARZEIT: 30 MINUTEN

2 Auberginen
1 rote Paprikaschote
2 Möhren
2 Zucchini
1 Knolle Fenchel

2 rote Zwiebeln
Olivenöl
Salz, Pfeffer
1 EL Balsamico-Essig
1 Bund Basilikum oder Petersilie

VORBEREITUNG:
Den Backofen auf 200 °C vorheizen.

1 2
3 4

1	Das Gemüse in Würfel, Scheiben beziehungsweise Ringe schneiden.	2	Auf einem Backblech verteilen, mit Olivenöl beträufeln und mit Salz und Pfeffer würzen.
3	Etwa 30 Minuten im Backofen garen und dabei zwei- bis dreimal umrühren.	4	Den Essig und das fein geschnittene Basilikum untermischen und das Gemüse lauwarm oder mit Zimmertemperatur auf Crostini oder als Beilage servieren.

FRITTATA MIT ZUCCHINI

✣ **FÜR 6 PERSONEN • ZUBEREITUNG: 20 MINUTEN • GARZEIT: 15 MINUTEN** ✣

½ Bund Minze und ½ Bund Basilikum
3 mittelgroße Zucchini
Olivenöl
1 Knoblauchzehe

Salz, Pfeffer
12 Eier
50 g frisch geriebener Parmesan

VORBEREITUNG:
Die Kräuter fein hacken und die Zucchini in Scheiben schneiden.

1 2
3 4

1	Etwas Öl in einer Pfanne erhitzen. Knoblauch und Zucchini 5 Minuten bei starker Hitze unter Rühren anbraten. Mit Salz und Pfeffer würzen.	2	Den Knoblauch entfernen. Die Eier mit einer Gabel verquirlen. Parmesan und Kräuter hinzufügen und mit Salz und Pfeffer abschmecken.
3	Die Eier über die Zucchini gießen und bei relativ starker Hitze stocken lassen. Die Pfanne dabei gelegentlich rütteln.	4	Das gestockte Ei mit einem Pfannenwender vom Rand in die Mitte schieben. ➢

5	Sobald die untere Seite der Frittata gestockt ist, einen großen Teller auf die Pfanne legen und das Omelett daraufstürzen. 1 Esslöffel Öl in die Pfanne geben, die Frittata wieder hineingeben und auf der anderen Seite stocken lassen.	**VARIATION** Die Frittata kann auch mit jedem beliebigen anderen Gemüse – etwa kurz gebratenen Artischocken, Erbsen, grünem Spargel, Paprikaschoten – zubereitet werden.

6

Die Frittata soll außen goldbraun und innen weich sein.

SERVIERVORSCHLAG

Heiß mit einem Salat oder kalt, in Würfel geschnitten, als Antipasto servieren.

SPINAT-MANGOLD-KUCHEN

ERGIBT 6–8 STÜCKE • ZUBEREITUNG: 50 MINUTEN • RUHEZEIT: 30 MINUTEN • BACKZEIT: 45 MINUTEN

FÜR DEN TEIG:
250 g Mehl
3 EL Olivenöl
1 Stückchen Butter, Salz

FÜR DIE FÜLLUNG:
500 g Spinat
600 g Mangold
2 Knoblauchzehen
½ Bund Lauchzwiebeln
80 g durchwachsener Speck, fein gewürfelt
Olivenöl
Salz, Pfeffer, Muskat
½ Bund glatte Petersilie, gehackt
80 g frisch geriebener Parmesan

VORBEREITUNG:
Gemüse putzen. Knoblauch und Zwiebeln (mit der Hälfte des Grüns) hacken.

1	Das Mehl mit dem Olivenöl verrühren. Die Butter und 2 Prisen Salz mit den Händen unterkneten.	2	Nach und nach 100 ml lauwarmes Wasser hinzufügen, die Mischung soll aber nicht klebrig sein. Den Teig zu einer Kugel formen.
3	Den Teig einige Minuten auf der Arbeitsfläche durchkneten.	4	Mit einem sauberen Tuch abdecken und 30 Minuten ruhen lassen. ➤

5 6
7 8

5	Den Mangold dämpfen (die Stiele 7 Minuten, die Blätter 5 Minuten), abgießen und etwas abkühlen lassen.	6	In einer Pfanne den Speck in 1 Esslöffel Olivenöl anbräunen.
7	Zwiebeln und Knoblauch dazugeben und 5 Minuten bei sehr geringer Hitze anschwitzen.	8	Spinat und Mangold gut ausdrücken und mit dem Messer (nicht in der Küchenmaschine!) hacken.

9 10
11 12

9	Das Gemüse in die Pfanne geben und einige Minuten unter Rühren abdämpfen. Mit Salz, Pfeffer und 2–3 Messerspitzen frisch geriebenem Muskat abschmecken.	10	Etwas abkühlen lassen, die Petersilie und 50 g Parmesan untermischen und nochmals abschmecken.	
11	Die Hälfte des Teigs auf der bemehlten Arbeitsfläche sehr dünn ausrollen und eine geölte Backform damit auskleiden.	12	Den Boden mit 30 g Parmesan bestreuen und das Gemüse darauf verteilen.	➢

13

Den restlichen Teig ebenfalls sehr dünn ausrollen, auf das Gemüse legen, die Ränder gut andrücken und den Teig mit einer Gabel in regelmäßigen Abständen mehrmals einstechen.

14 Den Kuchen 30 Minuten im 180 °C heißen Backofen backen. Dann mit Olivenöl bestreichen und so lange weiterbacken, bis die Oberfläche goldbraun ist.

SERVIERVORSCHLAG

☛ Den lauwarmen Kuchen in Stücke schneiden und mit einem Salat servieren oder in 16 Quadrate zerteilen und als Antipasto reichen.

MINESTRONE

FÜR 6 PERSONEN • ZUBEREITUNG: 20 MINUTEN • GARZEIT: 1 STUNDE

2 Kartoffeln
2 Möhren
2 Stangen Sellerie
2 mittelgroße Zucchini
2 Stiele Mangold
100 g grüne Bohnen
3 Tomaten, gehäutet und entkernt
1 Zwiebel
Olivenöl
600 g frische oder 200 g getrocknete weiße Bohnen
2 EL gehackte Petersilie, Salz, Pfeffer

VORBEREITUNG:
Getrocknete Bohnenkerne vor der Zubereitung 12 Stunden in Wasser einweichen.

1	Das Gemüse putzen und klein schneiden. Die Zwiebel schälen und hacken.	2	2 Esslöffel Olivenöl in einem großen Topf erhitzen und die Zwiebel mit Sellerie und Möhren darin anschwitzen.
3	Das restliche Gemüse und die Bohnenkerne hinzufügen, salzen und mit Wasser bedecken.	4	Die Minestrone etwa 1 Stunde köcheln lassen. Die Petersilie und etwas Olivenöl hinzufügen und die Suppe mit Pfeffer abschmecken.

BOHNENSUPPE

FÜR 6 PERSONEN • ZUBEREITUNG: 15 MINUTEN • GARZEIT: 3 STUNDEN • EINWEICHZEIT: 12 STUNDEN

300 g getrocknete Borlotti-Bohnen
1 Zwiebel und 1 Knoblauchzehe
1 Stange Sellerie
1 Möhre
100 ml Olivenöl
30 g fetter Speck oder Speckschwarte

1 Zweig Rosmarin und 1 Lorbeerblatt
2 Prisen Natron oder ein Stück (5 cm) Kombu
100 g Tagliatelle, in Stücke gebrochen
Salz, Pfeffer

VORBEREITUNG:
Am Vortag die Bohnen mit 1 Prise Natron oder dem Kombu in eine Schüssel geben, mit Wasser bedecken und mindestens 12 Stunden einweichen, dann abgießen.

1	Das Gemüse fein hacken, in einem Kochtopf mit etwas Olivenöl, Speck, Rosmarin und Lorbeer anschwitzen und salzen.	2	Die Bohnen dazugeben, 1 Liter Wasser angießen und 1 Prise Natron hinzufügen. Aufkochen und 2 Stunden köcheln lassen (dabei gelegentlich kochendes Wasser nachgießen).
3	Mit Salz abschmecken. Die Hälfte der Suppe durch die Flotte Lotte passieren oder im Mixer pürieren.	4	Nochmals aufkochen lassen und die Nudeln in der Suppe al dente kochen. Mit Olivenöl beträufeln, mit Pfeffer würzen und servieren.

PASTA & CO.

EIERNUDELN

SAUCEN

HARTWEIZENNUDELN

RISOTTO UND GNOCCHI

PASTATEIG

ERGIBT 800 GRAMM • ZUBEREITUNG: 30 MINUTEN • RUHEZEIT: 1 STUNDE

500 g Weizenmehl (Type 405 oder 550)
5 Eier
1–2 EL Milch
1 EL Olivenöl
1 Prise Salz

VORBEREITUNG:
Eier und Milch rechtzeitig aus dem Kühlschrank nehmen, damit der Teig schön glatt wird. Das Mehl mit dem Salz auf die Arbeitsfläche sieben.

FÜR GRÜNE LASAGNEBLÄTTER:
350 g gekochten, ausgedrückten und pürierten Spinat unter den Teig mischen. Nur 3 Eier verwenden.

1 2
3 4

1	Eine Mulde in das Mehl drücken, die Eier hineinschlagen und mit einer Gabel verrühren.	2	Eier und Mehl mit den Fingerspitzen schnell und gründlich vermengen.
3	Den Teig 10 Minuten mit dem Handballen kneten. Milch und Olivenöl und gegebenenfalls noch etwas Mehl hinzufügen.	4	Alles zu einem glatten, glänzenden Teig verarbeiten, zu einer Kugel formen, in Frischhaltefolie einschlagen und 30–60 Minuten (besser 2 Stunden) bei Zimmertemperatur ruhen lassen. ➢

DEN TEIG AUSROLLEN

5

MIT DER NUDELMASCHINE: Etwa 60 g Teig mit der Handfläche flach drücken, mit Mehl bestäuben und bei maximalem Walzenabstand durch die Nudelmaschine drehen.

VON HAND: Den Teig mit dem Nudelholz von innen nach außen rasch ausrollen, damit er nicht austrocknet. Der Teig wird dabei vielleicht nicht gleichmäßig dick ausgerollt, die Nudeln nehmen die Sauce dann aber besser auf.

6

Den Teig zwei- bis dreimal zusammenfalten und nochmals durch die Nudelmaschine drehen. Den Vorgang mehrmals wiederholen, bis ein dünner, glatter Teigstreifen entstanden ist. Den Walzenabstand dabei jedes Mal verringern.

WICHTIG

Immer nur eine kleine Teigportion ausrollen und den restlichen Teig in einem Plastikbeutel aufbewahren, damit er nicht austrocknet.

TAGLIATELLE

7	Die Teigblätter etwas antrocknen lassen (damit sie nicht zusammenkleben), aufrollen und in etwa 1 cm breite Stücke schneiden.	☛ Die Nudeln entrollen und über einem durchlöcherten Pappkarton (damit die Luft zirkulieren kann) zu einem Nest formen. Zudecken und an einem trockenen Ort aufbewahren. Die Nudeln innerhalb von 2 Tagen verbrauchen.

8

Für ein 10–12 cm breites und 40 cm langes Lasagne-Blatt benötigt man 60 g Teig. Papardelle und Tagliolini werden genauso hergestellt wie die Tagliatelle, die Rollen müssen allerdings in 2 bzw. 0,5 cm breite Stücke geschnitten werden. Maltagliati sind unregelmäßig geschnittene Nudeln.

TIPP

☛ Der Teig wird fester, wenn man ein Drittel des Mehls durch feinen Hartweizengrieß ersetzt.

DIE PASTA KOCHEN

Um 80 g Pasta zu kochen, braucht man 1 Liter Wasser und 10 g grobes Salz.

PAPARDELLE MIT ENTE

FÜR 6–8 PERSONEN • ZUBEREITUNG: 40 MINUTEN • GARZEIT: 1 STUNDE

700 g Papardelle
60 g Butter
100 g Parmesan

FÜR DAS »RAGÙ«:

1 Ente, geviertelt
2 EL Olivenöl
100 g Möhren
100 g Zwiebeln
100 g Stangensellerie
2 Knoblauchzehen
2 schöne Rosmarinzweige
100 ml trockener Weißwein
500 ml Gemüsebrühe
1 Dose (400 g) Tomatenstücke
Salz, Pfeffer

VORBEREITUNG:

Gemüse und Rosmarin fein hacken.

1 2
3 4

1	Die Ententeile mit der Hautseite nach unten in 1 Esslöffel Öl anbraten. Das Fett abschöpfen und das Fleisch in einen Schmortopf legen.	2	Das Gemüse und den Rosmarin 5 Minuten im restlichen Öl anbraten.
3	Gemüse und Rosmarin zum Fleisch geben. Sobald der Topf heiß ist, den Wein angießen und bei starker Hitze verdunsten lassen.	4	Die Brühe angießen, Tomaten hinzufügen, mit Salz und Pfeffer würzen und 45 Minuten zugedeckt köcheln lassen. ➤

33

5	Die Entenstücke etwas abkühlen lassen, von Haut und Knochen befreien und das Fleisch in kleine Stücke schneiden.	6	Die Sauce gegebenenfalls noch etwas einkochen lassen. Dann mit dem Stabmixer pürieren und das Fett mit einem Löffel abschöpfen.
7	Das Fleisch zurück in die Sauce geben und nochmals 5 Minuten köcheln lassen.	8	Die Nudeln 3–4 Minuten in Salzwasser kochen, abtropfen lassen und in einem Topf in der Butter schwenken.

9 Das »Ragù« auf den Nudeln verteilen und mit dem geriebenen Parmesan servieren.

VARIATION

Das »Ragù« mit etwas Béchamelsauce (Rezept 35) anreichern und für eine Lasagne verwenden.

TIPP

☛ Das »Ragù« am besten am Vortag zubereiten. Das Fett ist dann am nächsten Tag erstarrt und lässt sich leichter entfernen.

TAGLIATELLE MIT PILZEN

FÜR 4 PERSONEN • ZUBEREITUNG: 45 MINUTEN • GARZEIT: 30 MINUTEN

500 g frische Tagliatelle (Rezept 32)
40 g Butter
20 g frisch geriebener Parmesan

FÜR DIE SAUCE:

600 g Waldpilze (Steinpilze, Pfifferlinge, Austernpilze etc.)
2 EL Olivenöl
40 g + 2 Stückchen Butter
2 Knoblauchzehen
Salz, Pfeffer
½ Bund Petersilie

VORBEREITUNG:

Die Pilze mit einem Messer vom Schmutz befreien. Zweimal kurz waschen und sofort wieder aus dem Wasser nehmen, dann abtropfen lassen.

1 2
3 4

1	Große Pilze halbieren oder dritteln und die Pilze auf einem sauberen Tuch trocknen lassen.	2	Das Öl mit 2 Stückchen Butter und dem Knoblauch erhitzen und die Pilze bei starker Hitze braten, bis sie ihre Flüssigkeit abgegeben haben.
3	Mit Salz und Pfeffer würzen, etwas Petersilie hinzufügen, den Knoblauch entfernen, die Pilze noch 3 Minuten köcheln lassen und danach warm stellen.	4	Die Nudeln al dente kochen. Die Butter in einer Pfanne in etwas Nudelwasser zerlassen. Nudeln, Pilze und Parmesan dazugeben und alles gut mischen.

BÉCHAMELSAUCE

FÜR 1 LASAGNE • ZUBEREITUNG: 10 MINUTEN • GARZEIT: 15 MINUTEN

70 g Butter
70 g Mehl
1 l Milch

4 Messerspitzen frisch geriebene Muskatnuss
Salz

1

2

3

4

5

6

1	Die Butter zerlassen.	2	Das Mehl unter Rühren darüberstäuben.	3	Sobald die Mischung Farbe annimmt, nach und nach die Milch angießen.
4	Dabei ständig rühren, damit keine Klümpchen entstehen.	5	Die Sauce 5 Minuten kochen lassen, mit Salz und Muskatnuss abschmecken.	6	Abkühlen lassen. Ist die Sauce zu dick, mit etwas Milch verdünnen.

GRÜNE LASAGNE BOLOGNESE

→ FÜR 6 PERSONEN • ZUBEREITUNG: 1 ½ STUNDEN • GARZEIT: 1 ½–2 STUNDEN ←

8–12 Lasagneblätter mit Spinat (Rezept 32)
FÜR DIE SAUCE BOLOGNESE:
25 g getrocknete Steinpilze
350 g Rindfleisch (Kamm) und 350 g Kalbfleisch (Schulter), in kleine Würfel geschnitten
100 g Möhren und 100 g Zwiebeln
100 g Stangensellerie
3 EL Olivenöl
150 ml Rotwein
Salz
250 ml Gemüsebrühe
1 Bouquet garni
2 Gewürznelken
1 Dose (400 g) Tomaten
30 g Butter
1 Portion Béchamelsauce (Rezept 35)
150 g Parmesan, gerieben

1 2

3 4

1	Die getrockneten Pilze 30 Minuten in 250 ml lauwarmem Wasser einweichen. Das Einweichwasser abseihen und aufbewahren.	2	Das Gemüse fein hacken.
3	Fleisch und Gemüse (bis auf die Pilze) 20–30 Minuten bei starker Hitze unter Rühren im Olivenöl braten.	4	Wenn das Fleisch am Boden des Topfes anhängt, den Rotwein angießen und verdunsten lassen. Salzen. ➢

5 6
7 8

5	Pilze mit Einweichwasser, Brühe, Kräutersträußchen und Nelken hinzufügen. 1 Stunde köcheln lassen. Nach 30 Minuten die Tomaten zugeben.	6	Die Lasagneblätter portionsweise (jeweils 3–4 Stück) 2–3 Minuten in kochendem Salzwasser mit etwas Olivenöl garen.
7	Sofort in eine Schüssel mit kaltem Wasser legen, um den Kochvorgang zu stoppen, abtropfen lassen und auf einem sauberen Tuch ausbreiten.	8	Eine Gratinform buttern. Etwas Béchamelsauce einfüllen. Eine Schicht Teigblätter, eine Schicht Béchamelsauce und eine Schicht Fleischsauce daraufgeben. Mit Parmesan bestreuen.

9 Den Vorgang viermal wiederholen. Den Abschluss bildet eine Schicht mit 4 Esslöffeln Fleischsauce vermischte Béchamelsauce. Mit Parmesan bestreuen, mit Butterflöckchen besetzen und 30 Minuten im 180 °C heißen Backofen überbacken.
Vor dem Servieren 5 Minuten ruhen lassen.

TIPP

☛ Die Lasagne kann auch mit weißen Lasagneblättern zubereitet werden.

VARIANTE

In der Emilia Romagna serviert man die Fleischsauce mit Tagliatelle.

LASAGNE MIT GRÜNEM SPARGEL

FÜR 6 PERSONEN • ZUBEREITUNG: 40 MINUTEN • GARZEIT: 50 MINUTEN

8–12 Lasagneblätter (Rezept 32)
1 Bund grüner Spargel
1 Bund Lauchzwiebeln
2–3 EL Olivenöl
3–4 Stückchen Butter
Salz

1 kg Erbsen mit Schoten oder 250 g ausgepalte Erbsen
1 Portion Béchamelsauce (Rezept 35)
500 g Burrata (oder Ricotta)
100 g Parmesan, gerieben

VORBEREITUNG:
Die Erbsen gegebenenfalls aus den Schoten lösen.

1	Den Spargel in Scheiben schneiden, die harten Enden wegwerfen, die Spitzen beiseitestellen. Die Zwiebeln mit dem Grün würfeln.	2	Spargelstücke und Lauchzwiebeln getrennt in etwas Olivenöl und Butter anschwitzen (das Gemüse sollte knackig bleiben). Salzen.
3	500 ml Wasser aufkochen und salzen. Die Spargelspitzen 2–3 Minuten blanchieren und beiseitestellen.	4	Die Erbsen bei geringer Hitze in etwas Brühe oder Salzwasser weich garen. ➤

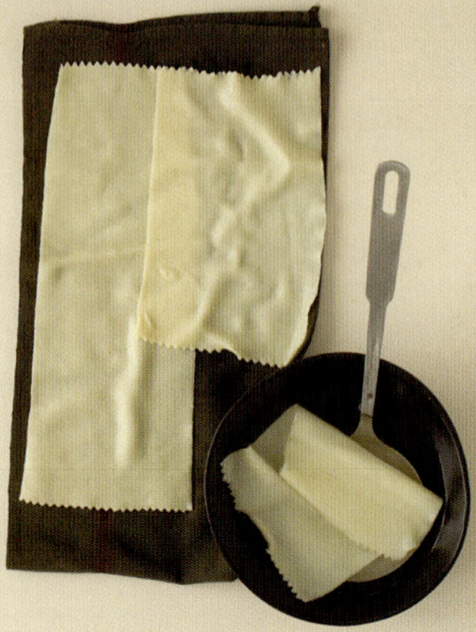

5 6

7 8

5	Die Lasagneblätter 2–3 Minuten in kochendem Salzwasser mit 1 Esslöffel Olivenöl garen. Nur 3–4 Blätter auf einmal kochen, damit sie nicht zusammenkleben.	6	Die Blätter in eine Schüssel mit kaltem Wasser legen, um den Kochvorgang zu stoppen, abtropfen lassen und auf einem sauberen Tuch ausbreiten. Eine ofenfeste Form buttern.
7	Abwechselnd Lasagneblätter, Béchamelsauce, das Gemüse und den klein geschnittenen Käse in die Form füllen und mit Parmesan bestreuen.	8	Den Vorgang zweimal wiederholen. Mit Lasagneblättern abschließen und mit zerkrümeltem Burrata und Parmesan bestreuen.

9	Die Lasagne etwa 20 Minuten im 180 °C heißen Backofen überbacken. Vor dem Servieren die Spargelspitzen in etwas Butter schwenken und die Lasagne damit garnieren.	**VARIANTE** Das Gemüse mit Tagliatelle und etwas in Nudelwasser zerlassener Butter mischen. **TIPP** ☛ Wenn es schnell gehen muss, fertige getrocknete Lasagneblätter verwenden.

SPINAT-RICOTTA-CRESPELLE

FÜR 6 PERSONEN • ZUBEREITUNG: 1 STUNDE • RUHEZEIT: 1 STUNDE • GARZEIT: 1 STUNDE

FÜR 12–14 CRESPELLE:
120 g Mehl
3 Eier
Salz
20 g zerlassene Butter
250 ml Milch

FÜR DIE FÜLLUNG:
1 EL Olivenöl
50 g Butter und 1 Knoblauchzehe
600 g frischer oder 300 g tiefgefrorener Spinat
einige Messerspitzen Muskatnuss
Salz, Pfeffer
250 g Ricotta und 120 g Mascarpone
2 EL Paniermehl
80 g frisch geriebener Parmesan

VORBEREITUNG:
Spinat dämpfen, ausdrücken und hacken.

1 2
3 4

1	Das Mehl in eine Schüssel sieben und eine Mulde hineindrücken. Eier, Salz und Butter hineingeben und alles gut verrühren.	2	Die Milch unterrühren. Darauf achten, dass keine Klümpchen entstehen. Den Teig mit Frischhaltefolie abgedeckt 1 Stunde ruhen lassen.
3	In einer Pfanne Öl, 30 g Butter und Knoblauch erhitzen. Den Spinat bei mittlerer Hitze abdämpfen, mit Muskat, Salz und Pfeffer würzen.	4	Etwas abkühlen lassen. Ricotta, Mascarpone, Paniermehl und 50 g Parmesan hinzufügen und abschmecken. ➢

5 6

7 8

5	Aus dem Teig in einer kleinen beschichteten Pfanne in etwas Butter 12–14 relativ dünne Pfannkuchen backen.	6	Etwas Füllung (etwa 50 g) auf die Pfannkuchen geben und möglichst fest aufrollen.
7	Die Rollen in 4 Stücke teilen.	8	Eine Gratinform buttern, die Röllchen aufrecht hineinstellen, mit dem restlichen Parmesan bestreuen und mit Butterflöckchen belegen.

9

Die Crespelle 10 Minuten im 200 °C heißen Backofen überbacken. Fertig!

VARIATION

Man kann die Crespelle auch wie Lasagneblätter mit einer Bologneser Sauce (Rezept 36) oder mit Gemüse wie Spargel oder Erbsen (Rezept 37) füllen.

39

RAVIOLI MIT KÜRBISFÜLLUNG

FÜR 10 PERSONEN • ZUBEREITUNG: 1 STUNDE • GARZEIT: 50 MINUTEN

800 g Eiernudelteig (Rezept 32)

FÜR DIE FÜLLUNG:

1 Hokkaido-Kürbis (1 kg)
3 Messerspitzen Muskatnuss
2 Messerspitzen Zimt
50 g knusprige Amaretti
80 g Apfel-Mostarda oder
60 g Mostarda di Cremona
40 g + 60 g Parmesan, gerieben
Salz, weißer Pfeffer
10 g Butter pro Person
12 Salbeiblätter

VORBEREITUNG:

Die Mostarda (eingelegte Senffrüchte) im Mixer pürieren. Die Amaretti mahlen.

1 2
3 4

1	Den Kürbis in Spalten schneiden, von den Kernen befreien, mit Alufolie abdecken und 40 Minuten im 180 °C heißen Backofen garen.	2	Das Kürbisfleisch pürieren. Muskat, Zimt, die Amaretti, die Mostarda, 40 g Parmesan, Salz und Pfeffer hinzufügen.
3	Den Pastateig sehr dünn ausrollen. Die Füllung mit einem Spritzbeutel oder einem Teelöffel im Abstand von 5 cm in kleinen Häufchen seitlich auf den Teigstreifen verteilen.	4	Den Teigstreifen der Länge nach zusammenklappen, den Teig rund um die Füllung gut andrücken. Mit einem Teigrädchen in einzelne Ravioli zerteilen. ➢

5

Die Ravioli portionsweise etwa 3 Minuten in leicht gesalzenem, köchelndem Wasser garen, abtropfen lassen und mit etwas zerlassener Salbeibutter (siehe rechts) in einer Schüssel anrichten.

SALBEIBUTTER

Die Butter mit den Salbeiblättern und einigen Esslöffeln Wasser bei milder Hitze zerlassen.

6	Die fertigen Ravioli heiß mit frisch geriebenem Parmesan servieren.	**TIPP** ☛ Ist der Teig angetrocknet, Eiweiß mit ein wenig Wasser verquirlen und die Ränder damit bepinseln.

AUFBEWAHRUNG

☛ Die Ravioli bereits am Vortag zubereiten und auf einer Platte ausgebreitet zwischen zwei Geschirrtüchern im Kühlschrank aufbewahren oder einfrieren.

VARIATIONEN

Gut eignet sich auch eine Spinat-Ricotta-Füllung (Rezept 38) oder eine Käsefüllung (150 g Ricotta + 200 g milder Pecorino + 120 g Parmesan + 1 Ei).

TOMATENSAUCE

FÜR 4–6 PERSONEN • ZUBEREITUNG: 15 MINUTEN • GARZEIT: 30 MINUTEN

1 kg reife Eiertomaten
oder 2 Dosen (à 400 g) Tomaten
1 Zwiebel
1 Möhre
1 Stange Sellerie
2 EL Olivenöl
1 Bund Basilikum
Salz

VARIANTE:
Das Gemüse durch 1 große Zwiebel und 2 Knoblauchzehen ersetzen. Beides zunächst in der Pfanne anschwitzen.

40

1	Die Tomaten achteln und entkernen. Zwiebel, Möhre und Sellerie fein hacken.	2	Zwiebel, Möhre und Sellerie 10 Minuten im Olivenöl anschwitzen. Die Tomaten und die Hälfte des Basilikums dazugeben.
3	2 Minuten bei starker Hitze, dann 15 Minuten bei mittlerer Hitze unter gelegentlichem Rühren kochen lassen. Durchpassieren.	4	Das restliche Basilikum hinzufügen. Mit Olivenöl bedeckt ist die Sauce in einem luftdicht verschlossenen Schraubglas 2–3 Tage haltbar.

PUTTANESCA-SAUCE

FÜR 250 GRAMM NUDELN • ZUBEREITUNG: 10 MINUTEN • GARZEIT: 20 MINUTEN

3 Anchovis in 2 Esslöffeln Olivenöl anschwitzen. 1 geschälte Knoblauchzehe und 1 Esslöffel abgespülte und gehackte Kapern hinzufügen. 1 Minute rühren, 1 Dose Tomaten, 2 Prisen Chilipulver und 50 g in Scheiben geschnittene schwarze Oliven hinzufügen. Die Sauce 2 Minuten bei starker Hitze und danach 8–10 Minuten bei mittlerer Hitze unter Rühren kochen lassen. Salzen und 2 Esslöffel gehackte Petersilie untermischen. (Achtung, Käse passt nicht zu dieser fischhaltigen Sauce!)

AMATRICIANA-SAUCE

FÜR 250 GRAMM NUDELN • ZUBEREITUNG: 10 MINUTEN • GARZEIT: 20 MINUTEN

1 gehackte Zwiebel und 70 g fein gewürfelten durchwachsenen Speck in 2 Esslöffeln Olivenöl anbraten. 1 Dose Tomaten und 2 Prisen Chilipulver dazugeben. Salzen und 2 Minuten bei starker Hitze, dann 8–10 Minuten bei mittlerer Hitze unter Rühren kochen lassen. Mit Pfeffer würzen, 2 Esslöffel gehackte Petersilie zugeben, mit Nudeln anrichten und mit frisch geriebenem Pecorino bestreuen.

CARBONARA MIT ARTISCHOCKEN

FÜR 4 PERSONEN • ZUBEREITUNG: 30 MINUTEN • GARZEIT: 20 MINUTEN

350 g Spaghettoni (dicke Spaghetti)
4 kleine Artischocken (Violet de Provence)
50 ml Olivenöl und 1 Knoblauchzehe
1 EL gehackte Petersilie
½ Glas Weißwein (oder Gemüsebrühe)
120 g fette Pancetta oder durchwachsener Speck
1 Ei + 3 Eigelb
80 g Parmesan, gerieben
Salz, frisch gemahlener Pfeffer

VORBEREITUNG:
Die Artischocken putzen und klein schneiden (siehe Rezept 21). Pancetta oder Speck würfeln.

1	Artischocken bei mittlerer Hitze mit 2 Esslöffeln Olivenöl, Knoblauch und Petersilie bissfest garen. Wein angießen, salzen und pfeffern und die Flüssigkeit verdunsten lassen.	2	Die Spaghettoni in reichlich Salzwasser al dente kochen.	
3	Die Pancetta in etwas Olivenöl in der Pfanne knusprig braten.	4	Die Eier mit Parmesan, etwas Olivenöl, Salz, Pfeffer und etwas Nudelwasser in einer Schüssel verquirlen.	➢

5

Die abgetropften Nudeln mit 2–3 Esslöffeln Olivenöl und der heißen Pancetta vermengen. Eier und Artischocken hinzufügen und alles gründlich durchmischen.

6

Großzügig mit Pfeffer übermahlen und heiß servieren.

DAS KLASSISCHE REZEPT

☛ Traditionell werden Spaghetti alla carbonara mit »guanciale« (geräucherter Schweinebacke), ohne Artischocken und ohne Sahne zubereitet.

PENNE MIT AUBERGINEN

FÜR 4 PERSONEN • ZUBEREITUNG: 20 MINUTEN • GARZEIT: 20 MINUTEN

350 g Penne
2 Auberginen
50 ml Olivenöl
1 Knoblauchzehe
400 g Tomatensauce (Rezept 40)

1 Bund Basilikum
100 g frischer (oder gesalzener) Ricotta
50 g geriebener Pecorino (oder Parmesan)
Salz, frisch gemahlener Pfeffer

VORBEREITUNG:
Die Auberginen in Würfel schneiden.

1 2
3 4

1	In einer Pfanne 2 Esslöffel Olivenöl mit dem Knoblauch erhitzen.	2	Die Auberginenwürfel bei geringer Hitze portionsweise darin braten, bis sie goldbraun und weich sind.
3	Die Tomatensauce und die Hälfte des Basilikums hinzufügen und einige Minuten köcheln lassen.	4	Die Nudeln al dente kochen, mit der Sauce anrichten, mit Ricottaflöckchen und Pecorino bestreuen und mit Pfeffer übermahlen.

BUCATINI MIT SARDINEN

FÜR 4 PERSONEN • ZUBEREITUNG: 30 MINUTEN • GARZEIT: 50 MINUTEN

500 g Bucatini (dünne Röhrennudeln)
8–10 Sardinen + 4 zum Garnieren
1 Fenchelknolle
2 TL Fenchelsamen
1 große Zwiebel, fein gehackt

Olivenöl
1 Prise Safranfäden
30 g Rosinen und 20 g Pinienkerne
2 Anchovis, abgespült und gehackt
Salz, frisch gemahlener Pfeffer

VORBEREITUNG:
Die Sardinen von Köpfen und Gräten befreien und die Filets auslösen. Die Rosinen 15 Minuten in lauwarmem Wasser einweichen.

1	4 Liter Wasser aufkochen. Die halbierte Fenchelknolle und die Fenchelsamen 15 Minuten kochen, abgießen, Kochflüssigkeit auffangen.	2	Die Zwiebel in 1 Esslöffel Öl anschwitzen. 1 Glas Fenchelsud angießen und um die Hälfte reduzieren.
3	4 Esslöffel Öl, Safran, Rosinen, Pinienkerne und Fenchel hinzufügen und 5 Minuten köcheln lassen.	4	Sardinen (4 Stück beiseitelegen) und Anchovis dazugeben, sparsam salzen, mit Pfeffer würzen und das Ganze 5 Minuten unter Rühren köcheln lassen.

45

5	Die restlichen Sardinen in Mehl wenden und frittieren oder in Olivenöl goldbraun braten.	**DIE NUDELN KOCHEN** Den Fenchelsud mit reichlich Wasser auffüllen, salzen, aufkochen. Die Nudeln darin al dente kochen und anschließend gut abtropfen lassen.

6

Die Nudeln in einer Pfanne mit dem restlichen Öl und der Sardinensauce durchheben. Mit den frittierten oder gebratenen Sardinen garnieren und servieren.

VARIATION

Alle Sardinen für die Sauce verwenden. Die Nudeln kochen, abtropfen lassen und in Olivenöl schwenken. Eine große ofenfeste Form mit Öl einfetten. Nudeln und Sauce abwechselnd einfüllen. Mit Sauce abschließen, mit Paniermehl und Pinienkernen bestreuen und im Backofen überbacken.

LINGUINE MIT VENUSMUSCHELN

FÜR 2 PERSONEN • ZUBEREITUNG: 40 MINUTEN • GARZEIT: 30 MINUTEN

200 g Linguine (oder Spaghetti)
500 g Venusmuscheln
2 Knoblauchzehen, geschält
Olivenöl

½ Bund Petersilie
einige Messerspitzen mildes Chilipulver
100 ml trockener Weißwein
Salz, Pfeffer

VORBEREITUNG:
Die Muscheln gründlich unter fließendem Wasser abspülen; alle geöffneten Muscheln wegwerfen.

46

1 2
3 4

1	1 klein geschnittene Knoblauchzehe mit etwas Öl, $\frac{1}{3}$ der Petersilie und 1 Prise Chilipulver anschwitzen. Den Wein angießen.	2	1 Minute kochen lassen und die Muscheln dazugeben.
3	Die Muscheln zugedeckt kochen, bis sie sich geöffnet haben. Mit einem Schaumlöffel herausheben und in einem Sieb abkühlen lassen.	4	Die Kochflüssigkeit durch ein feines Sieb gießen. Ein Viertel der Muscheln mit Schalen zum Garnieren beiseitestellen, die restlichen Muscheln auslösen. ➤

5 6

7 8

5	1 Esslöffel Öl erhitzen, die zweite Knoblauchzehe, Chilipulver, 2 Messerspitzen Petersilie und den Muschelsud hinzufügen, einkochen lassen und salzen. Den Knoblauch wegwerfen.	6	Inzwischen die Nudeln in reichlich Salzwasser al dente kochen.
7	Kurz vor dem Anrichten das ausgelöste Muschelfleisch in den reduzierten Muschelfond geben.	8	Die Nudeln abgießen und mit den Muscheln und 2 Esslöffeln Olivenöl durchschwenken.

9	Mit Pfeffer übermahlen, mit der restlichen Petersilie bestreuen, mit den restlichen Muscheln garnieren und sehr heiß servieren.	**VARIANTE** Die Venusmuscheln ganz oder teilweise durch Miesmuscheln und/oder Herzmuscheln ersetzen. Die Garzeit ist gleich.

47

NUDELAUFLAUF

FÜR 6 PERSONEN • ZUBEREITUNG: 30 MINUTEN • GARZEIT: 20 MINUTEN

500 g Paccheri (kurze, dicke Röhrennudeln)
250 g Ricotta
250 g Mozzarella
150 g geräucherter Provolone (Hartkäse)
100 g Parmesan
600 g Tomatensauce (Rezept 40)
2 Bund Basilikum
20 g Butter
4–6 EL Paniermehl
Salz, Pfeffer

VORBEREITUNG:
Die Nudeln in reichlich Salzwasser al dente kochen und abtropfen lassen. Den Ricotta zerkrümeln.

1	Mozzarella und Provolone klein schneiden. Den Parmesan reiben.	2	Die Nudeln mit der Tomatensauce, der Hälfte des Parmesans und des Basilikums mischen.
3	Eine gebutterte Gratinform mit Paniermehl ausstreuen. Die Hälfte der Nudeln einfüllen, mit der Hälfte des Käses und des Ricottas bestreuen, das restliche Basilikum darauf verteilen und den Vorgang noch einmal wiederholen.	4	Die Oberfläche mit Paniermehl bestreuen und mit Butterflöckchen besetzen. Den Auflauf etwa 20 Minuten im 180 °C heißen Backofen goldbraun überbacken.

SIZILIANISCHER NUDELSALAT

FÜR 4 PERSONEN • ZUBEREITUNG: 10 MINUTEN • GARZEIT: 8 MINUTEN

350 g Pennoni oder Penne
250 g Kirschtomaten
50 g getrocknete Tomaten in Öl
50 g schwarze Taggiasca-Oliven, entsteint
30 g Kapern in Salz, abgespült
½ Bund glatte Petersilie
3 Stängel Basilikum
Olivenöl extra vergine
2 EL getrockneter Oregano
Salz, frisch gemahlener Pfeffer
200 g Thunfisch (Bauchfleisch) in Olivenöl (oder weißer Thunfisch in Öl aus dem Glas)

1	Die Kirschtomaten halbieren und salzen. Getrocknete Tomaten, Oliven, Kapern und Kräuter grob hacken.	2	Die Zutaten mit 4 Esslöffeln Olivenöl, Oregano, Salz und Pfeffer mischen.
3	Die Nudeln al dente kochen, abgießen, kurz abschrecken, dann auf einem Backblech verteilen und mit Öl beträufeln, damit sie nicht zusammenkleben.	4	Nudeln und Gemüse mischen, den in mundgerechte Stücke zerteilten Thunfisch dazugeben und den Salat noch einmal abschmecken.

GEFÜLLTE MUSCHELNUDELN

FÜR 6 PERSONEN • ZUBEREITUNG: 30 MINUTEN • GARZEIT: 30 MINUTEN

500 g Conchiglioni (oder dicke, kurze Nudeln)
2 Auberginen
2 mittelgroße Zucchini
2 verschiedenfarbige Paprikaschoten
50–60 ml Olivenöl
3 Knoblauchzehen, geschält
Salz
6 EL Basilikumpesto (Rezept 01)

1 2

3 4

1	Das Gemüse waschen und alles in kleine Würfel schneiden.	2	Getrennt in je 1 Esslöffel Olivenöl mit 1 Knoblauchzehe (anschließend entfernen) garen und salzen. Zucchini und Paprika sollten noch Biss haben, die Auberginen müssen weich sein.	
3	Das Gemüse in eine Pfanne geben und alles einige Minuten garen.	4	Die Nudeln al dente kochen, abgießen, kurz abschrecken, auf einem Backblech verteilen und mit Öl beträufeln.	➢

5

Jede Nudel mit 1 kleinen Teelöffel Pesto und 1 Esslöffel Gemüse füllen.

VARIANTE

Die Nudeln mit 1 Esslöffel Caponata (Rezept 23) oder einer Mischung aus ⅔ Ricotta + ⅓ Basilikumpesto (Rezept 01) oder Pistazienpesto (Rezept 03) füllen. Oder die Nudeln einfach mit Pesto und Gemüse vermischen.

6 Die gefüllten Nudeln auf einer großen Servierplatte anrichten.

GARNITUR

Die Nudeln mit Basilikumblättern, gerösteten Pinienkernen oder Parmesanspänen garnieren.

SERVIERVORSCHLAG

Die gefüllten Nudeln zimmerwarm zum Aperitif oder als kleines sommerliches Gericht servieren.

RISOTTO

FÜR 4 PERSONEN • ZUBEREITUNG: 10 MINUTEN • GARZEIT: 25 MINUTEN

1 EL Olivenöl
10 + 40 g Butter
1 mittelgroße Zwiebel
300 g Risottoreis (Carnaroli, Arborio oder Vialone Nano)
Salz
50 ml trockener Weißwein (oder Brühe)
1,2 l Fleisch- oder Gemüsebrühe
40 g kalte Butter in Stücken
40 g Parmesan, gerieben

VORBEREITUNG:
Die Brühe erhitzen und auf dem Herd am Köcheln halten. Die Zwiebel fein hacken.

1 2
3 4

1	Olivenöl mit 10 g Butter in einem Topf mit dickem Boden erhitzen und die Zwiebel 5 Minuten anschwitzen.	2	Den ungewaschenen Reis dazugeben und 2 Minuten bei starker Hitze glasig braten (er darf keine Farbe annehmen). Salzen, den Wein angießen und unter Rühren verdunsten lassen.
3	Den Reis 15 Minuten bei mittlerer Hitze kochen und dabei nach und nach schöpflöffelweise die Brühe angießen.	4	5 Minuten vor Ende der Kochzeit nach Geschmack weitere Zutaten dazugeben. ➤

5

Den Herd ausschalten, die kalte Butter und den Parmesan rasch unterrühren. Den Deckel auflegen und den Reis 2 Minuten ruhen lassen.

SELBST GEMACHTE GEMÜSEBRÜHE

2 Liter Wasser mit 2 Zwiebeln, 2 Möhren, 2 Stangen Sellerie und 2 Stangen Lauch aufkochen. Salzen, 40 Minuten kochen und durch ein Sieb gießen. Für eine Fleischbrühe noch 500 g Rindfleisch (Querrippe), 1 Huhn oder Hähnchenkeulen hinzufügen und 2 Stunden kochen.

6 Sofort servieren, denn der Risotto darf nicht warten, weil er sonst weitergart.

TIPP

Risottoreste zu Reisküchlein verarbeiten. Die Küchlein in verquirltem Ei und Paniermehl wenden und in der Pfanne goldbraun braten.

RISOTTOREIS

- Carnaroli-Reis zeichnet sich durch eine besonders gute Kochfestigkeit aus.
- Arborio-Reis ist die gängigste Sorte.
- Vialone Nano ist eine traditionelle venezianische Sorte und ideal für besonders cremigen Risotto.

SAFRANRISOTTO

FÜR 4 PERSONEN • ZUBEREITUNG: 15 MINUTEN • GARZEIT: 20 MINUTEN

Zutaten siehe Rezept 50. In eine kleine Schüssel 1 Schöpflöffel heiße Brühe gießen und 1 Messerspitze Safranfäden darin ziehen lassen. 1 Rindermarkknochen 3 Minuten in der Brühe kochen, das Mark herauslösen und klein schneiden. Das Rindermark 10 Minuten mit der Zwiebel anschwitzen. Den Risotto wie in Rezept 50 kochen und 5 Minuten vor Ende der Kochzeit den eingeweichten Safran hinzufügen.

PILZRISOTTO

FÜR 4 PERSONEN • ZUBEREITUNG: 30 MINUTEN • GARZEIT: 30 MINUTEN

600 g frische Pilze putzen. 1 Esslöffel Olivenöl mit 1 Stückchen Butter und 1 Knoblauchzehe in einer Pfanne erhitzen. Die Pilze bei starker Hitze braten, bis sie ihre Flüssigkeit vollständig abgegeben haben, nicht umrühren. Mit Salz und Pfeffer würzen, die Wärmezufuhr verringern und 2–3 Minuten garen. Den Knoblauch entfernen. 1 Teelöffel gehackte Petersilie einrühren, die Pilze warm stellen. Risotto kochen (Rezept 50), Pilze 5 Minuten vor Ende der Garzeit untermischen.

KÜRBISRISOTTO

FÜR 2 PERSONEN • ZUBEREITUNG: 20 MINUTEN • GARZEIT: 30 MINUTEN

1 gehackte Schalotte (oder Zwiebel) bei geringer Hitze in 5 g Butter anschwitzen. 250 g Kürbispüree hinzufügen und mit 1 Messerspitze geriebener Muskatnuss, 1 Messerspitze Zimt, Salz und Pfeffer würzen. Risotto kochen (Rezept 50). Die Zwiebel dabei durch 1 Schalotte ersetzen. Nach 10 Minuten das Kürbispüree untermischen und mit der Zubereitung des Risottos fortfahren. Risotto vor dem Servieren mit gemahlenen Amarettini bestreuen.

LAUCHRISOTTO MIT COTECHINO

FÜR 2 PERSONEN • ZUBEREITUNG: 20 MINUTEN • GARZEIT: 30 MINUTEN

In einem Topf 1 fein geschnittene Schalotte und das Weiße von 2 Lauchstangen in 1 EL Olivenöl und 5 g Butter anschwitzen und mit Salz und Pfeffer würzen.

Den Reis hinzufügen und den Risotto mit Geflügelbrühe kochen (Rezept 50). Nach 10 Minuten 200 g zerkleinerten Cotechino hinzufügen und mit der Zubereitung des Risottos fortfahren. Der Cotechino kann auch durch kurz gebratene grobe Brühwurst ersetzt werden.

KARTOFFEL-GNOCCHI

FÜR 6 PERSONEN • ZUBEREITUNG: 30 MINUTEN • GARZEIT: EINIGE MINUTEN

1 kg mehligkochende Kartoffeln
250 g Mehl
1 Ei
Salz, frisch geriebene Muskatnuss

VORBEREITUNG:
Die Kartoffeln waschen, etwa 40 Minuten in Salzwasser kochen oder dämpfen und anschließend pellen.

1	Die Kartoffeln zerdrücken und abkühlen lassen.	2	Eine Mulde in das Püree drücken. Zwei Drittel des Mehls, das Ei, Salz und Muskat hineingeben.	
3	Die Zutaten von außen nach innen zu einem Teig verarbeiten. Das restliche Mehl untermischen und kneten, bis ein weicher, glatter Teig entstanden ist.	4	Mit bemehlten Händen 1,5 cm dicke Rollen aus dem Teig formen und in 2 cm große Stücke schneiden.	➢

5	Die Gnocchi vorsichtig gegen die Rückseite einer Reibe pressen, um eine Struktur hineinzudrücken (sie nehmen die Sauce dann besser auf), und auf einem leicht bemehlten Tuch ausbreiten.	**WICHTIG** ☛ Die Gnocchi höchstens 4 Stunden im Voraus zubereiten, damit sie nicht klebrig oder weich werden. Haben Sie zu viele Gnocchi vorbereitet, den Rest kochen, in einer geölten Schüssel kalt stellen (maximal 24 Stunden) und in kochendem Wasser aufwärmen.

6

Die Gnocchi in 2 Portionen in reichlich Salzwasser kochen, bis sie an die Oberfläche steigen. Mit einem Schaumlöffel herausheben.

SERVIERVORSCHLÄGE

- mit zerlassener Salbei- oder Zimtbutter (60–100 g) und geriebenem Parmesan
- mit Tomatensauce (Rezept 40; das Olivenöl am Schluss durch ein Stück Butter ersetzen)
- mit Sauce bolognese (Rezept 36)
- mit in etwas Sahne oder Milch geschmolzenem Gorgonzola (150 g)

GNOCCHI ALLA ROMANA

FÜR 6 PERSONEN • ZUBEREITUNG: 50 MINUTEN • GARZEIT: 40 MINUTEN

1 l Milch
250 g feiner Weizengrieß
140 g Butter
Salz

80 g frisch geriebener Parmesan
2 Eigelb

1

2

3

4

5

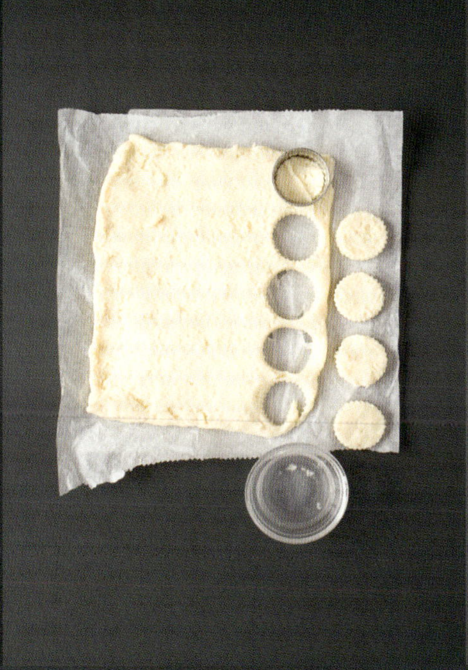

6

1	Die Milch aufkochen. Den Grieß einrieseln lassen und dabei ständig rühren.	2	20 g Butter hinzufügen, salzen und 20 Minuten unter Rühren kochen lassen.	3	Topf vom Herd nehmen, 50 g Butter, 50 g Parmesan und die Eigelbe einrühren.
4	Die Grießmasse auf einem Stück angefeuchteten Backpapier verstreichen.	5	Mit einer angefeuchteten Ausstechform Kreise ausstechen, in eine gebutterte Auflaufform schichten.	6	Mit Parmesan bestreut und zerlassener Butter beträufelt 15 Minuten im 200 °C heißen Backofen gratinieren.

FISCH

4

KRAKEN-CARPACCIO

FÜR 8–12 PERSONEN • ZUBEREITUNG: 40 MINUTEN • GARZEIT: 1 STUNDE • KÜHLZEIT: 8 STUNDEN

1 Krake (2,5 kg)

FÜR DIE BRÜHE:
2 Zwiebeln und 2 Möhren
2 Stangen Sellerie
½ Bund Petersilie und 1 Lorbeerblatt
6 weiße Pfefferkörner, grobes Meersalz

ZUM WÜRZEN:
½ Bund Petersilie und 250 g Rucola
Saft von 1 Zitrone
6 EL Olivenöl, Salz, Pfeffer
3–4 Stangen Sellerie, gewürfelt
200 g schwarze oder grüne Oliven

VORBEREITUNG:
Den Kraken säubern. Den Kopf ausnehmen, Augen und schnabelartiges Maul entfernen, die Tentakel gründlich waschen.

1 2

3 4

1	Wasser mit Zwiebeln, Möhren, Sellerie, Petersilie, Lorbeerblatt, Salz und Pfeffer und einem Flaschenkorken aufkochen.	2	Den Kraken am Kopf festhalten und vorsichtig in den Sud gleiten lassen. 50–60 Minuten bei mittlerer Hitze garen.
3	In der Brühe etwas abkühlen lassen (der Krake zieht sich nach dem Kochen um etwa zwei Drittel zusammen).	4	In eine Plastikflasche (oberen Teil abtrennen und den Boden durchlöchern) pressen, mit einem Gewicht beschweren und 8 Stunden kühlen. ➢

5

Die Flasche mit einer Schere aufschneiden, den Kraken herausnehmen und vorsichtig in dünne Scheiben schneiden.

GARPROBE

Der Krake ist gar, wenn sich die Tentakel mühelos mit einer Nadel einstechen lassen.

WÜRZEN

Die Petersilie hacken. Zitronensaft, Olivenöl, Salz und Pfeffer verrühren und den Rucola mit der Hälfte der Sauce anmachen.

6	Rucola auf einer Platte verteilen, das Kraken-Carpaccio darauf anrichten, mit Sellerie und Oliven bestreuen, mit der restlichen Sauce übergießen und mit der Petersilie garnieren.	**AUFBEWAHRUNG** ☛ Der gekochte Krake lässt sich – gut in Frischhaltefolie verpackt – hervorragend einfrieren.

SCHWERTFISCH SIZILIANISCH

FÜR 2 PERSONEN • ZUBEREITUNG: 20 MINUTEN • RUHEZEIT: 1 STUNDE • GARZEIT: 15 MINUTEN

2 Scheiben Schwertfisch (1,5 cm dick)
3 EL Kapern in Salz
Saft und abgeriebene Schale von 1 unbehandelten Zitrone
3 EL Olivenöl

2 Anchovis
80 g Paniermehl
1 Knoblauchzehe, halbiert
1 EL getrockneter Oregano
Salz, Pfeffer

VORBEREITUNG:
Die Kapern unter fließendem Wasser abspülen und hacken.
Den Backofen auf 180 °C vorheizen

1 2
3 4

1	Aus Kapern, Zitronenschale und Öl eine Marinade herstellen und den Fisch 1 Stunde darin ziehen lassen.	2	Die Anchovis in etwas Öl anschwitzen. Paniermehl, Knoblauch und Oregano hinzufügen und 1 Minute bei mittlerer Hitze verrühren.
3	Knoblauchzehe entfernen. Den Fisch in der Mischung wenden, in eine geölte ofenfeste Form legen und mit Olivenöl beträufeln.	4	Etwa 15 Minuten im Backofen garen. Mit Zitronensaft beträufeln, nach Geschmack salzen und pfeffern, mit Tomatensalat servieren.

GOLDBRASSE »IN MEERWASSER«

FÜR 4 PERSONEN • ZUBEREITUNG: 15 MINUTEN • MARINIERZEIT: 30 MINUTEN • GARZEIT: 20 MINUTEN

1 Goldbrasse von 1 kg (oder Seebarsch oder Drachenkopf), ausgenommen, geschuppt
150 ml stilles Mineralwasser
10 g grobes Meersalz
200 g Kirschtomaten
2 EL Olivenöl

FÜR DIE MARINADE:
1 kleine Zwiebel und 1 Knoblauchzehe
100 ml Weißwein, 6 Stängel glatte Petersilie
2 Prisen grobes Meersalz

VORBEREITUNG:
Zwiebel schälen und in dünne Ringe schneiden. Knoblauch schälen und hacken. Den Backofen auf 200 °C vorheizen.

1	Die Marinadenzutaten verrühren. Den Fisch ein- bis zweimal schräg einritzen und 30 Minuten in der Marinade ziehen lassen.	2	Die Marinade abgießen, den Fisch abtropfen lassen, wieder in die Form legen, mit Öl beträufeln und in den Backofen geben.
3	Die Marinade mit dem gesalzenen Mineralwasser verrühren. Die Hälfte davon nach 5 Minuten Garzeit angießen und die Tomaten dazugeben.	4	Nach 8 Minuten die restliche Marinade angießen, den Fisch weitere 5 Minuten garen und heiß servieren.

GEFÜLLTE SARDINEN

FÜR 4 PERSONEN • ZUBEREITUNG: 30 MINUTEN • GARZEIT: 15 MINUTEN

12 mittelgroße, fangfrische Sardinen
80 g Paniermehl
4 Anchovis
20 g Kapern in Salz
40 g Rosinen und 40 g Pinienkerne

1 Zitrone und 1 Orange (unbehandelt)
3 Stängel Petersilie und 2 Stängel Minze
4 EL Olivenöl
12 Lorbeerblätter
1 EL Rotweinessig

1 TL Zucker
Salz, Pfeffer

VORBEREITUNG:
Die Zitrone und die Orange auspressen.

1	Die Sardinen schuppen, ausnehmen, von Köpfen und Gräten befreien, waschen, mit Küchenpapier trocken tupfen und der Länge nach aufklappen.	2	Das Paniermehl im Mixer mit Anchovis, Kapern, Rosinen, Pinienkernen, Zitronenschale, Kräutern und 2–3 Esslöffeln Öl verrühren und nach Geschmack salzen.	
3	Je 2 Teelöffel Farce auf den Sardinen verteilen und die Fische fest aufrollen.	4	Die Röllchen in eine geölte ofenfeste Form legen und jeweils 1 Lorbeerblatt dazwischenstecken.	➢

5	Orangen- und Zitronensaft mit Essig, etwas Öl, Zucker und Pfeffer verrühren und die Sardinen damit begießen.	**TIPP** Die Sardinen am besten gleich vom Fischhändler ausnehmen lassen. **WICHTIG** Die Sardinen müssen ganz frisch sein. Kaufen Sie nach Möglichkeit keine Filets.

6	Den Backofen auf 180 °C vorheizen und die Sardinen etwa 15 Minuten garen. Lauwarm oder zimmerwarm mit einem Rucolasalat servieren.	**ZUM APERITIF** Die Fischröllchen in Hälften schneiden und auf Cocktailspieße stecken.

SEEBARSCHFILET MIT FENCHEL

FÜR 2 PERSONEN • ZUBEREITUNG: 15 MINUTEN • GARZEIT: 15 MINUTEN

1 Seebarsch (600–700 g)
2 Knollen Fenchel
Olivenöl
Salz, Pfeffer

50 g feiner Weizengrieß
1 TL Fenchelsamen
1 EL Balsamico-Essig, reduziert

VORBEREITUNG:
Den Backofen auf 200 °C vorheizen.

	DEN FISCH VORBEREITEN	DIE FILETS AUSLÖSEN
1	✧ Schuppen: Den Fisch am Schwanz fassen und die Schuppen mit einem Messer abkratzen. Den Fisch abspülen. ✧ Ausnehmen: Den Fisch am Bauch aufschneiden und die Eingeweide herausnehmen. ✧ Flossen und Kiemen abschneiden.	✧ Den Fisch trocken tupfen, auf ein Schneidebrett legen und mit der flachen Hand festhalten. Mit einem scharfen Messer den Fisch vom Kopf ausgehend ober- und unterhalb der Mittelgräte der Länge nach einschneiden. Mit der Messerklinge unter die Mittelgräte fahren und das Filet vorsichtig abheben. Die Gräte entfernen und das zweite Filet abheben.

61

2	Den Fenchel in Streifen schneiden und 5 Minuten in etwas Öl anschwitzen (er sollte noch Biss haben). Mit Salz und Pfeffer würzen.	3	Die Fischfilets im Grieß wenden. Überschüssigen Grieß abklopfen.
4	In einer Pfanne 2 Esslöffel Olivenöl erhitzen. Die Filets mit der Hautseite nach unten darin 2 Minuten anbraten und salzen.	5	In eine mit Backpapier ausgelegte ofenfeste Form legen, mit zerdrückten Fenchelsamen bestreuen, 4 Minuten im Backofen fertig garen.

6

Die Filets auf dem Fenchel anrichten und mit dem reduzierten Balsamico-Essig beträufeln.

TIPP

☛ Kaufen Sie am besten einen ganzen Fisch und lassen Sie ihn vom Fischhändler vorbereiten und filetieren.

FLEISCH

5

IN SCHEIBEN

AUS DER PFANNE

MIT SAUCE

RINDFLEISCH-CARPACCIO

FÜR 6 PERSONEN • ZUBEREITUNG: 30 MINUTEN

700 g Rindfleisch (Lende oder Filet)
Olivenöl
Salz, Pfeffer
150 g Rucola, geputzt und gewaschen
80 g Parmesan, gehobelt
80 g schwarze Oliven
6 EL Balsamico-Essig

VORBEREITUNG:
Den Essig in einem Topf bei geringer Hitze sirupartig einkochen lassen.

1	Das Fleisch mit einem sehr scharfen Messer in hauchdünne Scheiben schneiden.	2	Aus Backpapier 12 Quadrate ausschneiden. 4–5 Fleischscheiben dicht an dicht auf 6 Papierquadrate legen.	
3	Mit den restlichen Quadraten abdecken und das Fleisch mit dem Fleischklopfer flach klopfen.	4	Die Quadrate zu tellergroßen Kreisen zurechtschneiden.	➢

5

Das obere Blatt abziehen und das Fleisch auf den Teller stürzen. Das zweite Blatt ebenfalls entfernen. Das Fleisch mit etwas Olivenöl bestreichen.

TIPP

☛ Das Fleisch lässt sich besser schneiden, wenn man es vorher, fest in Frischhaltefolie verpackt, für 1 Stunde in die Gefriertruhe legt.

6	Kurz vor dem Servieren das Fleisch mit Salz und Pfeffer würzen. Den Rucola mit 2 Esslöffeln Olivenöl, Salz und Pfeffer anmachen und darauf anrichten. Mit Parmesan und Oliven bestreuen und mit dem reduzierten Essig beträufeln.	**AUFBEWAHRUNG** Das Carpaccio kann bereits im Voraus zubereitet und mit Frischhaltefolie abgedeckt im Kühlschrank aufbewahrt werden. **SCHNELLES CARPACCIO** ☛ Wenn es schnell gehen soll, das Fleisch vom Metzger aufschneiden lassen.

VITELLO TONNATO

FÜR 6–8 PERSONEN • ZUBEREITUNG: 20 MINUTEN • GARZEIT: 40 MINUTEN

1 Zwiebel
1 Möhre
1 Stange Sellerie
einige Stängel Petersilie
1 kg Kalbsnuss (oder Unterschale vom Kalb)

FÜR DIE SAUCE:
300 g Thunfisch in Öl, abgetropft
6 Anchovis
15 g + 15 g Kapern in Salz
1 Handvoll Petersilie
100 g Mayonnaise
Salz, Pfeffer

VORBEREITUNG:
Das Gemüse putzen und klein schneiden.

1 2
3 4

1	Das Gemüse in Salzwasser aufkochen. Das Fleisch hinzufügen, 25 Minuten garen und in der Brühe auskühlen lassen.	2	Die Saucenzutaten mit 150 ml Kochsud im Mixer pürieren, mit Salz und Pfeffer abschmecken. Die Sauce kühl stellen.
3	Das Fleisch in hauchdünne Scheiben schneiden. Dazu braucht man ein großes scharfes Messer oder eine Schneidemaschine.	4	Anrichten, mit der Sauce überziehen, mit Kapern und Petersilie bestreuen und mit Rucola und gratinierten Tomaten (Rezept 25) servieren.

TAGLIATA AUS RINDERFILET

FÜR 2 PERSONEN • ZUBEREITUNG: 10 MINUTEN • MARINIERZEIT: 1 STUNDE • GARZEIT: 5 MINUTEN

300 g Rinderfilet (1,5 cm dick)
Olivenöl
3 Zweige Rosmarin
Fleur de Sel, frisch gemahlener Pfeffer

100 g Rucola, geputzt und gewaschen
Balsamico-Essig
20 g Parmesan, gehobelt

VORBEREITUNG:
4 Esslöffel Balsamico-Essig bei geringer Hitze sirupartig einkochen lassen.

64

1 2
3 4

1	Das Fleisch mit Öl bestreichen und mit Rosmarin bestreuen. Auf eine Platte legen, mit Frischhaltefolie abdecken und 1 Stunde bei Zimmertemperatur marinieren lassen.	2	Den Grill oder eine Pfanne erhitzen und das Fleisch auf jeder Seite mindestens 2 Minuten garen. Kräftig mit Salz und Pfeffer würzen und warm stellen.
3	Den Bratfond mit 1–2 Esslöffeln Wasser ablöschen und einkochen lassen.	4	Das Fleisch in 8 Scheiben schneiden, mit Rucola anrichten, mit dem Bratfond und Balsamico beträufeln und mit Parmesan bestreuen.

SCALOPPINE ALLA MILANESE

FÜR 2 PERSONEN • ZUBEREITUNG: 20 MINUTEN • GARZEIT: 5 MINUTEN

2 dünne Kalbsschnitzel
4–5 Scheiben frisches Toastbrot (oder Paniermehl)
1 Ei

10 g Butter
2 EL Olivenöl
Salz
1 Zitrone

VORBEREITUNG:
Die Schnitzel zwischen Frischhaltefolie legen und flach klopfen. Das entrindete Toastbrot fein zerkleinern.

1	Das Ei in einem Suppenteller verquirlen. Brotbrösel auf ein Stück Backpapier geben.	2	Die Schnitzel zunächst im Ei, dann im Paniermehl wenden. Die Brotbrösel gut andrücken.
3	Die Butter mit dem Öl in einer Pfanne zerlassen und die Schnitzel auf beiden Seiten goldbraun braten.	4	Auf Küchenpapier entfetten und heiß oder kalt mit Zitronenschnitzen und Tomatensalat servieren.

SALTIMBOCCA

FÜR 2 PERSONEN • ZUBEREITUNG: 15 MINUTEN • GARZEIT: 8 MINUTEN

2 dünne Kalbsschnitzel (à 150 g) aus der Nuss
2 dünne Scheiben Parmaschinken
4 Salbeiblätter
1 EL Olivenöl

30 g Butter
50 ml trockener Weißwein oder Wasser
etwas Salz

TIPP:
Wenn Sie keinen Fleischklopfer besitzen, die Schnitzel mit dem Boden eines kleinen schweren Topfes flach klopfen.

1 Die halbierten Schnitzel zwischen Backpapier legen und mit dem Fleischklopfer flach klopfen. ½ Scheibe Schinken und 1 Salbeiblatt darauflegen und mit einem Zahnstocher feststecken.

2

Das Öl mit 20 g Butter in einer Pfanne erhitzen. Das Fleisch etwa 5 Minuten bei starker Hitze braten (zuerst auf der mit Schinken belegten Seite) und warm halten.

FÜR DIE SAUCE

☛ Den Bratensatz mit dem Wein (oder Wasser) ablöschen. 1 Minute kochen lassen und danach die restliche Butter unterrühren.

3

Das Fleisch mit der Sauce überziehen und heiß mit Rucolasalat oder frischem Gemüse der Saison servieren.

ITALIENISCHER HACKBRATEN

FÜR 6 PERSONEN • ZUBEREITUNG: 20 MINUTEN • GARZEIT: 40 MINUTEN

500 g Hähnchenbrustfilet
500 g Ricotta
50 g Parmesan, gerieben
2 Eigelb
Salz, Pfeffer, Muskat

10–12 Scheiben Parmaschinken oder Räucherschinken
1 Stückchen Butter, 2 EL Olivenöl
einige Salbeiblätter
50 ml trockener Weißwein

VORBEREITUNG:
Die Hähnchenbrüste vom Fett befreien und in der Küchenmaschine fein hacken. Den Backofen auf 180 °C vorheizen.

1	Das Fleisch mit Ricotta, Parmesan, Eigelb, Salz, Pfeffer und 3 Messerspitzen geriebener Muskatnuss vermengen.	2	Die Mischung auf ein Stück Backpapier geben und zu einem Laib formen.	
3	Die Schinkenscheiben so übereinanderlegen, dass sie sich leicht überlappen. Den Braten daraufsetzen.	4	Den Braten vollständig in die Schinkenscheiben einschlagen.	➢

5

In einer Pfanne etwas Butter mit dem Öl und einigen Salbeiblättern erhitzen und den Hackbraten rundherum darin anbraten.

TIPP

☛ Der Hackbraten kann auch zugedeckt in der Pfanne bei geringer Hitze fertig gegart werden.

		VARIATION
6	Den Braten 30 Minuten im Backofen fertig garen. Nach 10 Minuten mit dem Weißwein begießen. Den Wein verdunsten lassen und das Fleisch mit Alufolie abdecken. Mit frischem Gemüse servieren.	Das Hähnchenfleisch durch Kalbshack ersetzen.

PERLHUHN MIT PEVERADA

FÜR 4 PERSONEN • ZUBEREITUNG: 30 MINUTEN • GARZEIT: 1 STUNDE

1 Perlhuhn (mindestens 1 kg)
2 Zweige Rosmarin, 2 Lorbeerblätter
100 g Lardo di Colonnata oder Pancetta, in dünne Scheiben geschnitten
20 g Butter
2 EL Olivenöl
4 Knoblauchzehen, klein geschnitten
Salz, Pfeffer
150 ml trockener Weißwein

FÜR DIE SAUCE:

200 g küchenfertige Hühnerleber
die Innereien des Perlhuhns
100 g Soppressa (italienische Wurst)
1 unbehandelte Zitrone, 150 ml Olivenöl
2 Knoblauchzehen
150 ml trockener Weißwein
Salz, frisch gemahlener Pfeffer
1 Bund glatte Petersilie, gehackt

1 2

3 4

1	In die Bauchhöhle des Perlhuhns Rosmarin und Lorbeer stecken, das Perlhuhn mit den Speckscheiben bardieren.	2	Das Huhn anschließend mit Küchengarn zusammenbinden.	
3	Die Butter mit Öl und Knoblauch erhitzen und das Fleisch rundherum darin anbraten. Mit Salz und Pfeffer würzen und das Fett abschöpfen.	4	Das Perlhuhn 40 Minuten im 200 °C heißen Backofen braten. Nach 10 Minuten mit dem Wein, danach regelmäßig mit Wasser begießen.	➢

5 6

7 8

5	Für die Sauce die Innereien des Perlhuhns, Leber und Soppressa klein schneiden. Die Zitronenschale abreiben und die Frucht auspressen.	6	Die Zutaten mit 1 Knoblauchzehe im Mixer pürieren.
7	Das Öl mit der zweiten Knoblauchzehe in einem Topf erhitzen. Den Knoblauch entfernen, wenn das Öl heiß ist. Die Lebermischung darin anbraten.	8	Den Wein und die Bratflüssigkeit des Perlhuhns angießen, salzen und pfeffern. 10 Minuten köcheln lassen. Zitronensaft und Petersilie hinzufügen und weitere 5 Minuten köcheln lassen.

68

9

Das Perlhuhn in 4 Teile zerlegen, mit der Sauce überziehen und mit Polenta (Rezept 71) servieren.

VARIATION

☛ Für eine pikantere Sauce die Soppressa durch 8 Anchovis und den Zitronensaft durch Essig ersetzen.

OSSOBUCO ALLA MILANESE

FÜR 4 PERSONEN • ZUBEREITUNG: 30 MINUTEN • GARZEIT: 90 MINUTEN

2 mittelgroße Zwiebeln
4 Scheiben Kalbshaxe (4 cm dick)
40 g Mehl
4 EL Olivenöl
60 g Butter
150 ml trockener Weißwein
Salz, Pfeffer
200–300 ml Fleischbrühe

FÜR DIE GREMOLATA:
1 Knoblauchzehe, durchgepresst
1 Bund Petersilie, 1 unbehandelte Zitrone

VORBEREITUNG:
Die Zwiebeln fein hacken.

1 2
3 4

1	Das Fleisch an den Seiten an 3 Stellen leicht einschneiden, damit es sich beim Garen nicht wölbt, und mit Mehl bestäuben.	2	Die Zwiebeln 20 Minuten bei sehr geringer Hitze in der Hälfte des Öl und 20 g Butter anschwitzen und beiseitestellen.	
3	Das restliche Öl mit 20 g Butter in einem Schmortopf erhitzen, das Fleisch 5 Minuten auf beiden Seiten anbraten. Die Zwiebeln zugeben.	4	Den Wein angießen und 6–7 Minuten verdunsten lassen. Mit Salz und Pfeffer würzen und ½ Glas Brühe angießen.	➢

5 6

7 8

5	Den Deckel auflegen und das Fleisch etwa 80 Minuten bei sehr geringer Hitze schmoren lassen (oder bei 180 °C in einer mit Alufolie abgedeckten ofenfesten Form garen).	6	Das Fleisch während des Garens gelegentlich wenden und Brühe nachgießen, sobald die Sauce eindickt.
7	Für die Gremolata den Knoblauch mit der Petersilie und der abgeriebenen Schale von ½ Zitrone mit dem Messer sehr fein hacken.	8	Das Fleisch ist gar, wenn es sich vom Knochen löst. 20 g Butter und die Hälfte der Gremolata in die Sauce rühren.

9	Das Fleisch wieder in den Topf geben und 2 Minuten erhitzen. Auf einer Platte anrichten, mit der Sauce überziehen, mit der restlichen Gremolata bestreuen und mit Safranrisotto (Rezept 51) servieren.	**VARIATION** Vor dem Schmoren noch 150 g geschälte, entkernte und klein geschnittene Tomaten hinzufügen. **TIPP** ☛ Noch besser schmeckt das Gericht, wenn Sie Milchkalb verwenden.

KALBSGULASCH MIT POLENTA

FÜR 6 PERSONEN • ZUBEREITUNG: 30 MINUTEN • GARZEIT: 90 MINUTEN

1,5 kg Kalbfleisch zum Schmoren
2 Zwiebeln
2 Möhren
2 Stangen Sellerie
1 Knoblauchzehe
4 EL Olivenöl
20 g Butter
Salz, Pfeffer
100 ml trockener Weißwein
6 Salbeiblätter
1 Zweig Rosmarin
2 Dosen (à 400 g) Tomaten
Fleischbrühe
Polenta aus 500 g Maisgrieß (Rezept 71)

1 2
3 4

1	Das Fleisch in etwa 5 cm große Würfel schneiden. Das Gemüse fein hacken.	2	Öl und Butter erhitzen, das Fleisch in 2 Portionen jeweils 5 Minuten rundherum anbraten, mit Salz und Pfeffer würzen und warm stellen.
3	Das Gemüse in den Schmortopf geben und einige Minuten anschwitzen.	4	Das Fleisch dazugeben und anbräunen. Den Wein angießen und verdunsten lassen. Salbei und Rosmarin hinzufügen. ➢

5

Die Sauce einkochen lassen, die Tomaten hinzufügen, den Deckel auflegen und das Ganze etwa 1 Stunde bei sehr geringer Hitze schmoren lassen. Wenn die Sauce zu stark einkocht, etwas Brühe oder Wasser angießen.

VARIATIONEN

Die Tomaten durch Brühe ersetzen.
Das Rezept kann auch mit Rindfleisch, Lammkeule oder Schweinekamm zubereitet und mit Kräutern und Gewürzen verfeinert werden.

6

Das fertige Gulasch noch einmal abschmecken und mit einer sehr heißen Polenta servieren.

BEILAGEN

Dazu passt frisches Gemüse der Saison.

POLENTA

GARZEIT: 5 MINUTEN FÜR VORGEGARTE POLENTA, 45 MINUTEN FÜR GEWÖHNLICHEN MAISGRIESS

500 g Maisgrieß oder vorgegarte Polenta
2 Liter Wasser (2,5 Liter für eine weichere Polenta, 1,5 Liter für eine sehr feste Polenta)
Salz

MENGEN:
Auf 1 Teil Maisgrieß rechnet man 4–5 Teile Wasser.

1	Das Wasser aufkochen und 10 g Salz pro Liter Wasser hinzufügen.	2	Sobald das Wasser kocht, den Grieß hineinschütten und mit dem Schneebesen rühren, damit keine Klümpchen entstehen.	
3	Sobald die Polenta kocht, die Wärmezufuhr verringern und fleißig rühren. Vorgegarte Polenta ist nach einigen Minuten fertig, herkömmlicher Grieß braucht 45 Minuten.	4	Soll die Polenta eher weich sein, noch etwas Wasser hinzufügen. Die Polenta ist fertig, wenn sie sich von den Topfwänden löst.	➢

71

SERVIERVORSCHLAG		VARIATION
5	Die Polenta heiß auf einem Holzbrett servieren oder in eine mit kaltem Wasser ausgespülte Form füllen. Weiche Polenta mit einem Löffel servieren. Polenta passt zu Fleisch oder Fisch mit Sauce, zu Käse, Wurst, aber auch zu gebratenen Pilzen (Rezept 34).	Die Hälfte des Wassers durch Milch ersetzen oder die Polenta mit Butter und Parmesan verfeinern.
		IDEE
		Am Ende der Kochzeit gegarte Pilze, klein geschnittene Oliven oder getrocknete Tomaten untermischen.

6 7

8 9

	GEBRATENE POLENTA		**POLENTA MIT GORGONZOLA**
6	Die erkaltete Polenta in Stücke schneiden und in der Pfanne in etwas Butter braten oder im Backofen bräunen.	7	Gorgonzola (oder einen anderen Käse mit intensivem Geschmack) unter die heiße Polenta mischen.
	POLENTA MIT WURST		**POLENTA MIT PILZEN**
8	Die Polenta mit Bratwurst oder Soppressa servieren.	9	Die Polenta mit gebratenen Pilzen (Rezept 34) servieren.

DESSERTS

6

CREMEDESSERTS

AUS DEM BACKOFEN

TIRAMISU

FÜR 4 PERSONEN • ZUBEREITUNG: 30 MINUTEN • KÜHLZEIT: MINDESTENS 2 STUNDEN

3 kleine, sehr frische Eier
3 EL Zucker
3 EL trockener Marsala
250 g kalter Mascarpone

1 Prise Salz
4–5 Packungen (à 100 g) Biscotti Pavesini
4 Tässchen heißer Espresso
1 EL ungezuckertes Kakaopulver

1	Die Eier trennen.	2	Die Eigelbe und den Zucker mit dem Handmixer schaumig schlagen.	
3	Nach und nach den Marsala und den Mascarpone unterrühren.	4	Einige Minuten rühren, bis eine glatte, feste Creme entstanden ist. In den Kühlschrank stellen.	➢

5 6
7 8

5	Die Eiweiße mit 1 Prise Salz sehr steif schlagen.	6	Den Eischnee vorsichtig mit dem Schneebesen unter die Mascarponecreme heben.
7	2 Esslöffel Creme auf dem Boden einer flachen Schale verteilen. Die Kekse kurz in Espresso tränken und auf der Creme verteilen.	8	Mit Creme bestreichen. Den Vorgang noch zweimal wiederholen. Mit einer Cremeschicht abschließen. Das Tiramisu für mindestens 2 Stunden in den Kühlschrank stellen.

9	Kurz vor dem Servieren das Kakaopulver durch ein kleines Sieb über das Tiramisu stäuben.	**WICHTIG** ☛ Das Tiramisu nicht länger als 24 Stunden (gekühlt!) aufbewahren, da es rohe Eier enthält.

VARIATION	SOMMERLICHES TIRAMISU
Die Biscotti Pavesini durch 30 Löffelbiskuits ersetzen und nur 2 Lagen übereinanderschichten.	Den Espresso durch eine mit Orangensaft verdünnte Erdbeer-Coulis ersetzen und das Tiramisu mit roten Früchten verzieren.

PANNA COTTA

FÜR 8 PERSONEN • ZUBEREITUNG: 15 MINUTEN • GARZEIT: 10 MINUTEN • KÜHLZEIT: MIND. 3 STUNDEN

1 l Sahne
1 Vanilleschote, aufgeschlitzt
abgeriebene Schale von 1 unbehandelten Zitrone

125 g Speisestärke
3 EL Zucker

HINWEIS:
Die Speisestärke kann ersetzt werden durch 8 Blatt bzw. 10 g Gelatine oder 2 gestrichene Teelöffel Agar-Agar.

1 2

3 4

1	Von der Sahne ½ Tasse abnehmen. Den Rest mit Vanilleschote, Zitronenschale und Zucker 3 Minuten unter Rühren erhitzen.	2	Die Speisestärke mit der zurückbehaltenen Sahne anrühren und in den Topf geben.
3	So lange rühren, bis die Mischung zu kochen beginnt.	4	Den Topf vom Herd nehmen, das Mark aus der Vanilleschote kratzen und die Creme 5 Minuten abkühlen lassen. Dabei gelegentlich umrühren. ➢

5

Die Förmchen mit kaltem Wasser ausspülen, aber nicht abtrocknen (die Creme lässt sich dann leichter stürzen). Die Creme in einen Krug füllen und in die Förmchen gießen. Auskühlen lassen, mit Frischhaltefolie abdecken und für 3 Stunden in den Kühlschrank stellen.

VARIATIONEN

Die Panna cotta mit Alkohol (Marsala, Rum), Rosenwasser oder Orangenblütenwasser, Sirup oder Gewürzen aromatisieren.
Mit Kaffeearoma: 50 g Zucker und 6 Teelöffel Instant-Kaffeepulver unter die Creme rühren.

6	Die Panna cotta mit der Spitze eines Messers vom Rand der Förmchen lösen und auf Teller stürzen.	**SERVIERVORSCHLAG** Mit Erdbeer-Coulis (oder Coulis aus roten Früchten) servieren. Dazu 500 g Erdbeeren mit 3 Esslöffeln Zucker und etwas Zitronensaft im Mixer pürieren. Durch ein feines Sieb passieren und je nach gewünschter Konsistenz mit Wasser verdünnen. Ebenfalls gut: eine Karamellsauce oder reduzierter Balsamico-Essig.

ZABAGLIONE

FÜR 6 PERSONEN • ZUBEREITUNG: 15 MINUTEN • GARZEIT: 10 MINUTEN

6 Eigelb
100 g Zucker
150 ml trockener Marsala

VARIATION:
Die erkaltete Zabaglione mit 200 g Schlagsahne verrühren und mit frischen Früchten servieren.

1	Die Eigelbe mit Zucker und Marsala verrühren und die Schüssel auf ein Wasserbad stellen.	2	Die Zutaten mit dem Handmixer aufschlagen.
3	Nach 5 Minuten sollte eine leichte, schaumige Masse entstanden sein.	4	Heiß oder lauwarm mit Gebäck servieren. Zum Abkühlen die Schüssel mit der Zabaglione in Eiswasser stellen und weiterschlagen.

SEMIFREDDO

FÜR 10 PERSONEN • ZUBEREITUNG: 30 MINUTEN • GEFRIERZEIT: 6 STUNDEN

200 g Mandel-Torrone (weißer Nugat)
100 g Zartbitterschokolade (70 % Kakaoanteil)
500 g kalte Sahne
1 Portion Zabaglione (Rezept 74)

VORBEREITUNG:
1 große oder 10 kleine Formen mit Öl einfetten und mit Frischhaltefolie auskleiden.

VARIANTE MIT ROTEN FRÜCHTEN:
Die Zabaglione mit 400 g pürierten roten Früchten und 200 g Schlagsahne verrühren.

1 2
3 4

1	Den Torrone und die Schokolade grob hacken.	2	Die Sahne schlagen und die kalte Zabaglione unterheben.
3	⅓ der Schokolade und des Torrone in der Form verteilen, mit ⅓ der Creme bedecken, Vorgang zweimal wiederholen. 6 Stunden tiefkühlen.	4	15 Minuten vor dem Servieren aus der Kühltruhe nehmen. Die Form in heißes Wasser tauchen und das Semifreddo auf eine Platte stürzen.

SCHOKO-AMARETTI-KUCHEN

FÜR 6–8 PERSONEN • ZUBEREITUNG: 30 MINUTEN • BACKZEIT: 25 MINUTEN

100 g Zartbitterschokolade (70 % Kakaoanteil)
100 g + 20 g Butter
70 g knusprige Amaretti

3 Eier
150 g Zucker
50 g Mehl
½ TL Backpulver

FÜR DEN GUSS:
100 g Zartbitterschokolade
100 g Sahne
60 g Mandeln, geröstet

VORBEREITUNG:
Den Backofen auf 180 °C vorheizen.

1 2
3 4

1	100 g Schokolade mit 100 g Butter in Stücken im Wasserbad schmelzen.	2	Die Amaretti in der Küchenmaschine oder mit dem Nudelholz fein zerkleinern.	
3	Eine runde Backform mit 20 g Butter einfetten, mit den Amarettibröseln ausstreuen und in den Kühlschrank stellen.	4	Die Eier mit dem Zucker schaumig schlagen.	➤

5 6
7 8

5	Das Mehl mit dem Backpulver sieben und vorsichtig unterheben. Danach die lauwarme Schokolade unterrühren.	6	Den Teig in die Form gießen und 25 Minuten backen. Wenn die Spitze eines hineingestochenen Messers sauber bleibt, ist der Kuchen fertig.
7	Für den Guss die Schokolade mit der Sahne im Wasserbad schmelzen.	8	Den Kuchen 5 Minuten abkühlen lassen und auf ein Gitter stürzen. Den Guss darübergießen und mit einem Spachtel verteilen.

9	Den Kuchen mit den grob gehackten Mandeln verzieren.	**TIPP** ☛ Man kann den Kuchen bereits am Vortag backen. Den Guss erst am folgenden Tag zubereiten.

MÜRBETEIG

FÜR 8 PERSONEN • ZUBEREITUNG: 10 MINUTEN • RUHEZEIT: 1 STUNDE

250 g Mehl
120 g weiche Butter in Stücken
2 Eigelb
80 g Zucker

1 Prise Salz
abgeriebene Schale von 1 unbehandelten Zitrone
2–3 EL Marsala (oder Wasser)

IN DER KÜCHENMASCHINE:
Kalte Butter verwenden und mit dem Mehl 10 Sekunden mischen. Die restlichen Zutaten hinzufügen und weitere 30 Sekunden mischen. Den Teig zu einer Kugel formen.

1 2

3 4

1	Das Mehl auf die Arbeitsfläche sieben und mit den Fingerspitzen die Butter einarbeiten, sodass eine krümelige Masse entsteht.	2	Eine Mulde in den Teig drücken. Eigelbe, Zucker, Salz und Zitronenschale und Marsala hineingeben.
3	Die Zutaten mit den Fingerspitzen vermengen, den Teig dabei aber nicht zu stark kneten.	4	Eine Kugel formen, zu einer 3 cm dicken Scheibe flach drücken, in Frischhaltefolie einschlagen und für 1 Stunde kalt stellen.

RICOTTAKUCHEN

FÜR 8 PERSONEN • ZUBEREITUNG: 30 MINUTEN • BACKZEIT: 1 STUNDE

1 Portion Mürbeteig (Rezept 77)
500 g Ricotta
40 g zerlassene Butter
150 g Zucker

50 g Rosinen und 50 g Pinienkerne
1 gestrichener TL Zimt
abgeriebene Schale von 1 unbehandelten Zitrone
2 Eier und 5 cl Marsala

VORBEREITUNG:
Die Rosinen 10 Minuten in lauwarmem Wasser einweichen, abtropfen lassen und mit Mehl bestäuben.

1 2

3 4

1	Den Teig noch einmal 30 Sekunden durcharbeiten und auf der bemehlten Arbeitsfläche ausrollen.	2	Eine runde Kuchenform mit Butter einfetten, mit Mehl ausstäuben, mit dem Teig auskleiden, mit einer Gabel einstechen, kalt stellen.
3	Den Ricotta glatt rühren und die restlichen Zutaten in der angegebenen Reihenfolge untermischen.	4	Die Masse in die Form füllen. Die Teigränder nach unten drücken, sodass sie nur wenig höher als die Füllung sind. ➤

		VARIATIONEN
5	Den Kuchen 1 Stunde im 160 °C heißen Backofen backen. Wenn er zu rasch bräunt, mit Alufolie abdecken.	Die Füllung mit der Schale von 1 unbehandelten Orange aromatisieren und den Marsala im Teig durch Orangenblütenwasser ersetzen. Die Füllung mit kandiertem Ingwer, Zitronat und Orangeat anreichern.

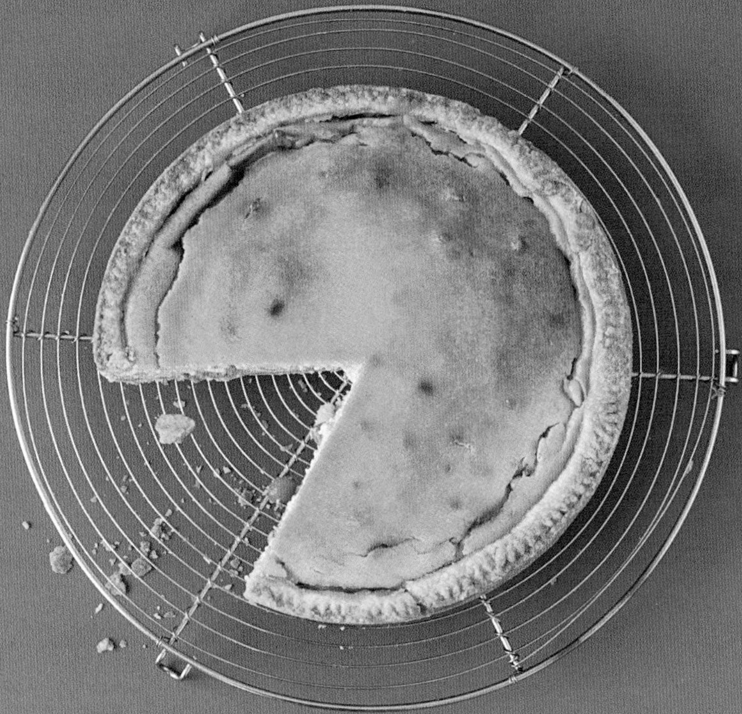

6	Den Kuchen aus dem Ofen nehmen und vor dem Aufschneiden auf einem Kuchengitter auskühlen lassen.	**TIPP** ☛ Der Teig kann bereits am Vortag hergestellt werden. Den fertigen Kuchen kühl aufbewahren und binnen 2 Tagen aufbrauchen.

TORTELETTS MIT FRÜCHTEN

FÜR 25–30 TORTELETTS • ZUBEREITUNG: 20 MINUTEN • BACKZEIT: 15 MINUTEN

1 Portion Mürbeteig (Rezept 77)
150 g Mascarpone
200 g Ricotta
40 g Puderzucker

1 Päckchen Vanillezucker
abgeriebene Schale von 1 unbehandelten Zitrone
2 EL Süßwein

½ Schälchen Himbeeren
½ Schälchen Erdbeeren
2 Handvoll Kirschen

1 2

3 4

1	Den Teig auf der bemehlten Arbeitsfläche ausrollen und mit einer Ausstechform 10 cm große Kreise ausstechen.	2	Die Scheiben auf einem mit Backpapier ausgelegten Backblech verteilen.
3	Im 180 °C heißen Backofen etwa 15 Minuten goldbraun backen und auf einem Kuchengitter auskühlen lassen.	4	Mascarpone und Ricotta mit Puderzucker, Vanillezucker, Zitronenschale und Süßwein verrühren. ➤

5

Jedes Tortelett mit 1 gehäuften Teelöffel Creme bestreichen; mit je 1 Himbeere und den klein geschnittenen Erdbeeren und Kirschen belegen.

TIPP

Die Torteletts können bereits im Voraus gebacken werden, dürfen aber erst unmittelbar vor dem Servieren mit Creme bestrichen und mit Früchten belegt werden.

6

Die fertigen Torteletts auf einer großen Servierplatte verteilen.

VARIATION

Aus der gleichen Teigmenge lässt sich auch sehr gut ein großer Kuchen herstellen. Für die Füllung benötigt man dann 250 g Mascarpone, 250 g Ricotta und 50 g Puderzucker.

REISKUCHEN VON TANTE VIGE

FÜR 8–10 PERSONEN • ZUBEREITUNG: 20 MINUTEN • BACKZEIT: 55 MINUTEN

1 l frische Vollmilch
1 Prise Salz
150 g Risottoreis (Carnaroli oder Arborio)
150 g Zucker
4 + 2 EL Marsala
abgeriebene Schale von 1 unbehandelten Zitrone
3 Eier
1 EL Puderzucker

VORBEREITUNG:
Den Backofen auf 180 °C vorheizen. Eine ofenfeste Form mit Butter einfetten und mit Mehl ausstäuben.

1 2

3 4

1	Die Milch mit 1 Prise Salz in einem Topf aufkochen.	2	Den Reis hineingeben, mit einem Kochlöffel umrühren und 8 Minuten bei mittlerer Hitze bissfest garen.	
3	Etwas abkühlen lassen und dabei gelegentlich umrühren.	4	Zucker, 4 Esslöffel Marsala und Zitronenschale unter den lauwarmen Reis mischen.	➢

5 6
7 8

5	Die Eier trennen und die Eigelbe nacheinander unter den Reis rühren.	6	Die Eiweiße mit einer Gabel verquirlen und ebenfalls unterrühren.
7	Den Reis abgießen und die Kochflüssigkeit auffangen.	8	Den Reis in die Form füllen, die Kochflüssigkeit darübergießen (so kann der Reis oben eine Kruste bilden, ohne am Boden anzuhängen) und etwa 45 Minuten backen.

9	Den Kuchen mit Puderzucker bestäuben und mit 2 Esslöffeln Marsala beträufeln. In Rauten oder Quadrate schneiden und lauwarm oder mit Zimmertemperatur servieren.	**VARIANTE** ☛ Die Form statt mit Mehl mit gemahlenen Amaretti ausstreuen. **TIPP** ☛ Noch besser schmeckt der Kuchen, wenn man den Reis vor dem Backen 2 Stunden durchziehen lässt.

GEBACKENE PFIRSICHE

FÜR 4 PERSONEN • ZUBEREITUNG: 20 MINUTEN • GARZEIT: 30 MINUTEN

4 feste, reife gelbfleischige Pfirsiche
8 + 2 weiche Amaretti (180 g)
1 Eigelb
1 EL Kakaopulver

15 g Butter
1 kleines Glas Süßwein
1 TL Puderzucker (nach Belieben)

TIPP:
Bereits am Vortag zubereiten.

1 2

3 4

1	Die Pfirsiche halbieren, aber nicht schälen. Die Kerne entfernen und die Früchte etwas aushöhlen. Das Fruchtfleisch aufheben.	2	Die Amaretti mit Eigelb, Kakaopulver und ausgehöhltem Pfirsichfleisch im Mixer pürieren.
3	Die Pfirsiche mit der Masse füllen, in eine gebutterte ofenfeste Form legen, mit Butterflöckchen besetzen und mit dem Wein beträufeln.	4	Etwa 20 Minuten im 180 °C heißen Backofen backen und dabei ein- bis zweimal mit der Kochflüssigkeit beträufeln. Lauwarm oder mit Zimmertemperatur servieren.

GEFÜLLTER PANDORO

FÜR 6 PERSONEN • ZUBEREITUNG: 30 MINUTEN

1 Pandoro (1 kg)
FÜR DIE MASCARPONECREME:
250 g Mascarpone und 3 Eigelb
3 EL Zucker
4 EL Rum, trockener Marsala oder Amaretto
250 g eiskalte Sahne
2 Schälchen rote Früchte (Rote Johannisbeeren, Himbeeren)
rote Zuckerherzen oder -perlen
1 EL Puderzucker

☛ Wenn Sie den Pandoro im Voraus aufschneiden, die Scheiben wieder in den Plastikbeutel geben, damit sie nicht austrocknen. Erst kurz vor dem Servieren füllen.

1 2

3 4

1	Die Eigelbe mit Zucker und Alkohol schaumig schlagen.	2	Den Mascarpone hinzufügen und alles zu einer festen Creme verrühren.	
3	Die Sahne schlagen und vorsichtig mit dem Schneebesen unter die Mascarponecreme heben.	4	Den Pandoro waagerecht in etwa 2 cm dicke Scheiben schneiden. Große Scheiben halbieren oder dritteln.	➤

5

Den Pandoro wieder zusammensetzen. Dabei jede Scheibe mit Creme bestreichen (oder die Creme mit einem Spritzbeutel aufspritzen) und mit den halbierten Himbeeren belegen.

PANDORO

Der Pandoro ist wie der Panettone ein klassischer italienischer Weihnachtskuchen. Der sternförmige Hefekuchen stammt ursprünglich aus Verona. Da die Zubereitung sehr zeitaufwendig ist, kaufen ihn die Italiener in der Regel fertig. Traditionell isst man ihn nur mit Puderzucker bestäubt.

6

Mit Beeren und Zuckerherzen verzieren und mit Puderzucker bestäuben.

SERVIERVORSCHLAG

Das Dessert zum Servieren wie eine Torte in einzelne Stücke schneiden.

ANHANG

GLOSSAR

AMARETTI
Weiche (von Sassello) oder knusprige (von Saronno) Bittermandelmakronen.

ANCHOVIS
Für Speisen, die gekocht werden, eignen sich am besten Sardellen in Salzlake, für alle anderen Gerichte in Öl eingelegte Sardellen.

BALSAMICO-ESSIG
Verwenden Sie nach Möglichkeit nur hochwertigen Balsamico-Essig aus Reggio Emilia oder aus Modena ohne Zusatz- und Farbstoffe.

BARDIEREN
Mageres Fleisch oder Fisch mit Speck oder fetter Wurst belegen oder umwickeln, damit sie beim Garen nicht austrocknen.

BISCOTTI PAVESINI
Leichte, knusprige italienische Kekse. Pavesini gibt es als süße und salzige Cracker.

BORLOTTI-BOHNEN
Rotbraun geprenkelte italienische Bohnensorte, die frisch oder getrocknet verwendet wird. Unverzichtbar für eine gute Bohnensuppe.

BOTTARGA
Getrockneter, zu Riegeln gepresster und mit einer dünnen Wachsschicht überzogener Meeräschenrogen. Bottarga wird auch aus Thunfischrogen hergestellt. Der Geschmack ist intensiv und jodartig.

BRESAOLA
Mageres luftgetrocknetes Rindfleisch, das zuvor gepökelt, gewürzt und gepresst wird.

BURRATA
Italienischer Kuhmilch-Knetkäse, der als Tafelkäse oder zu Nudeln gegessen wird. Er ist maximal drei Tage haltbar.

CAPRINO
Italienischer Frischkäse aus Ziegenmilch.

CARPACCIO
Vorspeise aus hauchdünnen rohen Rindfleischscheiben. Das Rezept wurde in den 1960er-Jahren von Giuseppe Cipriani, dem Wirt der legendären Harry's Bar in Venedig, erfunden. Dort wurde damals gerade eine Ausstellung mit Werken des venezianischen Malers Carpaccio gezeigt, und manche Rottöne des Malers erinnerten Cipriani an die Farbe von rohem Rindfleisch. Heute verwendet man die Bezeichnung für alles, was in sehr dünne Scheiben geschnitten serviert wird.

COPPA
Italienische Wurstspezialität aus gepökeltem Schweinenacken und -filet, die mit Knoblauch und Rotwein mariniert und anschließend luftgetrocknet wird.

COTECHINO
Weiche norditalienische Kochwurst aus Schweinefleisch, Schweinefett und Speckschwarte, die meist vorgegart und vakuumverpackt angeboten wird. Cotechino isst man traditionell zu Weihnachten mit Linsen und Kartoffelpüree.

CRESPELLE
Dünne, salzige Pfannkuchen, die wie Lasagneblätter gefüllt und wie Cannelloni aufgerollt oder zusammengeklappt werden.

CULATELLO DI ZIBELLO
Außerordentlich zarter Schinken aus der Po-Ebene, der aus dem Fleisch einer schwarzen toskanischen Schweinerasse hergestellt wird. Das Fleisch wird über mehrere Tage mit Salz, Pfeffer, Knoblauch und Wein eingerieben und anschließend in eine Schweinsblase gefüllt, wodurch der Schinken seine typische Birnenform erhält.

GORGONZOLA
Milder, cremiger norditalienischer Edelpilzkäse mit Blau- oder Grünschimmel. Man kann ihn mit Stangensellerie zum Aperitif servieren oder daraus mit Sahne oder Milch eine Sauce für Nudeln und Gnocchi zubereiten.

GRÜNE OLIVEN
Besonders empfehlenswert sind Picholine- oder Lucques-Oliven sowie die Riesenoliven »Bella di Cerignola«.

HARTWEIZENNUDELN
Man rechnet 1 Liter Wasser und 10 g Salz pro 100 g Nudeln und kocht sie »al dente«, also bissfest.

HEFE
Für Brot- und Pizzateig empfiehlt sich frische Hefe. Für 500 g Mehl benötigt man 25 g Hefe. Für anderes Gebäck eignet sich auch Trockenhefe in Pulverform, wie sie in Supermärkten und Bioläden angeboten wird. Die Packungsanweisung beachten.

KAPERN
Verwenden Sie am besten in Salz eingelegte Kapern (vor der Zubereitung unter fließendem Wasser abspülen). Sie

sind besonders aromatisch. Die besten Kapern kommen von den Liparischen Inseln vor der Küste Siziliens (Pantelleria, Salina oder Lipari).

KNOBLAUCH
Sollte man immer im Haus haben! Man verwendet ihn gerne zum Aromatisieren von Gemüse, das in der Pfanne in Olivenöl angebraten wird. Nach dem Garen nimmt man die Zehen wieder heraus.

KOMBU
Essbare Braunalge; wird getrocknet oder in Form von Flocken angeboten. Man kann Kombu wie Natron ins Einweichwasser von Hülsenfrüchten geben (Rezept 31).

LARDO DI COLONNATA
Der wohl berühmteste italienische weiße Speck reift mindestens sechs Monate mit Kräutern und Gewürzen in reiner Bergluft in Marmortrögen.

MASCARPONE
Milder, cremiger italienischer Doppelrahmfrischkäse, den man vor allem für Tiramisu verwendet. Man kann ihn auch anstelle von Butter unter ein Risotto mischen.

MOSTARDA
In einer pikanten Senfmarinade eingelegte kandierte Früchte. Am bekanntesten ist Mostarda di Cremona.

MOZZARELLA
Mozzarella wird aus Kuh- oder Büffelmilch hergestellt. Büffelmozzarella zeichnet sich durch ein intensiveres Aroma aus. Mozzarella stets in seiner Flüssigkeit aufbewahren und rasch verbrauchen.

OLIVENÖL
Verwenden Sie nach Möglichkeit ein kalt gepresstes italienisches Olivenöl extra vergine aus erster Pressung.

OREGANO
Besonders zu empfehlen sind getrockneter Oregano aus Süditalien oder Bioprodukte.

PANCETTA
Italienischer Bauchspeck vom Schwein. Pancetta wird natur oder geräuchert angeboten und in dünne Scheiben geschnitten zum Bardieren von Fleisch oder gewürfelt für Pastagerichte verwendet.

PECORINO ROMANO
Pikanter italienischer Hartkäse aus Schafsmilch. Pecorino eignet sich hervorragend als würziger Reibekäse.

PFEFFER
Achten Sie beim Einkauf der Pfefferkörner auf Qualität. Pfeffer nur sparsam verwenden und die Speisen erst nach dem Garen damit würzen.

PINIENKERNE
Pinienkerne sollten vor der Verwendung geröstet werden.

PROVOLONE/PROVOLA (ODER SCAMORZA)
Italienischer Kuhmilch-Hartkäse, der wie Mozzarella zu den Filata-Käsen zählt. Besonders zu empfehlen ist geräucherter Provolone.

REDUZIERTER BALSAMICO-ESSIG
Den Essig bei geringer Hitze so lange einkochen lassen, bis er eine sirupartige Konsistenz hat. Reduzierter Balsamico-Essig ist unter dem Namen »Crema di Balsamico« auch als Fertigprodukt erhältlich.

RICOTTA
Italienischer Frischkäse aus Kuh- oder Schafsmilch. Ricotta wird aus Molke gewonnen, die zweimal erhitzt wird. Daher hat er seinen Namen: »Ricotto« heißt »noch einmal gekocht«. Ricotta findet in der italienischen Küche von der Vorspeise bis zum Dessert praktisch überall Verwendung.

ROHER SCHINKEN
Verwenden Sie einen dünn geschnittenen Parma- oder San-Daniele-Schinken. Der Geschmack ist umso besser, je länger der Schinken gereift ist.

SCHWARZE OLIVEN
Besonders empfehlenswert sind neben Taggiasca- und Lucques-Oliven die in Salzlake eingelegten Oliven aus Gaeta, Nyons und Nizza.

SOPPRESSA
Italienische Wurst aus Schweinefleisch, die mit Gewürzen, Knoblauch und Wein verfeinert wird. Soppressa ist außerordentlich zart und aromatisch und passt hervorragend zu Polenta.

TALEGGIO
Halbfester Kuhmilch-Schnittkäse aus der Lombardei. Taleggio wird als Tafelkäse gegessen oder geschmolzen auf Crostini oder in Risotto serviert.

THUNFISCH (KONSERVE)
Kaufen Sie nach Möglichkeit in Olivenöl (wegen des Geschmacks) eingelegten Thunfisch im Glas.

MENÜVORSCHLÄGE

Ein italienisches Menü besteht aus den »Antipasti«, den Vorspeisen, einem »Primo«, dem ersten Gang (Pasta, Reis, Suppe), einem »Secondo«, dem zweiten Gang (Fleisch oder Fisch) und einem Dessert. Bei den täglichen Mahlzeiten beschränkt man sich allerdings in der Regel auf eine Vorspeise und ein Primo oder Secondo.

SCHNELLES MENÜ

CANDLE-LIGHT-DINNER

HERBSTLICHES MENÜ

PICKNICK-MENÜ

SOMMERLICHES MENÜ

WINTERLICHES BUFFET

FAMILIENESSEN

FESTTAGSMENÜ

FUSSBALLABEND

FÜR EINE FREUNDIN

KINDERGEBURTSTAG

KINDERMENÜ

INHALTSVERZEICHNIS

1

VORSPEISEN

PESTO

CROSTINI & CO.

PIZZA & CO.

2

GEMÜSE

GEGRILLTES GEMÜSE

SALATE

GEMÜSEGERICHTE

KLEINE SPEISEN

3

PASTA & CO.

EIERNUDELN

SAUCEN

HARTWEIZENNUDELN

RISOTTO UND GNOCCHI

4

FISCH

5

FLEISCH

IN SCHEIBEN

AUS DER PFANNE

MIT SAUCE

6

DESSERTS

CREMEDESSERTS

AUS DEM BACKOFEN

REZEPTVERZEICHNIS

STICHWORTVERZEICHNIS

DANK

Ein herzliches Dankeschön an das gesamte Team,
das mich bei diesem wunderbaren kulinarischen Abenteuer begleitet hat:
an Pierre Javelle für die wundervollen Fotos,
an meine Assistentinnen Marie Mersier im Styling und Ariadne Elisseeff in der Küche,
an Audrey Génin für die Koordination,
an den Marabout-Verlag und meine Redakteurin Rosemarie Di Domenico,
an die Freunde in Vanves und meine Tochter Eva.
Ein großes Dankeschön auch an alle,
die uns ihre Produkte – Farben, Küchengeräte, Geschirr ... –
für dieses Buch zur Verfügung gestellt haben.

Für die Hintergrundfarben:
vielen Dank an Pia Jonglez und Céline von der Firma Ressources,
2–4 avenue du Maine, F–75015 Paris,
www.ressource-peintures.com

Dank an die Firma Comptoirs de Carthage,
die uns das von Nelson Sepulveda entworfene Geschirr (aus dem Hause Belart)
zur Verfügung gestellt hat:
Comptoirs de Carthage, 27, rue de Picardie, F–75003 Paris,
www.comptoirsdecarthage.com

ALESSI: www.alessi.com
BRANDT: www.brandt.com
DRIADE: www.driade.com
GUY DEGRENNE: www.guydegrenne.fr
HABITAT: www.habitat.de
KENWOOD: www.kenwoodworld.com
KITCHEN BAZAAR: www.kitchenbazaar.fr
MATHON: www.mathon.fr
MUJI: www.muji.fr
PEUGEOT: www.peugeot.de
PORCELAINES M.P. SAMIE: www.porcelainesmpsamie.fr
RIVIERA AND BAR: www.riviera-et-bar.fr
ROSENTHAL: www.rosenthal.de
THE CONRAN SHOP: www.conran.com
VIREBENT: www.virebent.com
ZWILLING: www.zwilling.com